Jörg Becker

Strategie-Check und Wissensbilanz

Wirkungsbeziehungen transparent machen,
Erfolgspotenziale ausloten

Strategie-Check und Wissensbilanz

Wirkungsbeziehungen transparent machen, Erfolgspotenziale ausloten

von

Jörg Becker

Bibliografische Information der Deutschen Nationalbibliothek

Die deutsche Nationalbibliothek verzeichnet die Publikation in der Deutschen Nationalbibliografie; detaillierte bibliografische Daten sind im Internet über http://dnb.d-nb.de abrufbar.

© 2008 Jörg Becker
Herstellung und Verlag: Books on Demand GmbH, Norderstedt
ISBN: 978-3-8370-7305-8

Vorwort

Unabhängig von Größe, Branche oder Geschäftsfeld muss sich ein Unternehmen mit den gleichen „3-W"-Fragen auseinandersetzen:

1. *Wo steht es heute?*
2. *Wo will es hin?*
3. *Wie kommt es dorthin?*

Wichtig ist, diese Reihenfolge einzuhalten. Denn: erst wenn das Reiseziel genau feststeht, sollte eine Entscheidung über geeignete Transportmittel getroffen werden, mit denen man am besten dorthin gelangen kann. Für einen Strategie-Check sollen in diesem Buch die vor allem die ersten beiden dieser W-Fragen im Blickpunkt stehen.

Strategisches Denken weckt auch das Denken in Alternativen. Der Strategie-Check soll dabei Hilfestellung bieten, diese zu erkennen und mit ihren Potenzialen auszuloten. Da der Rohstoff „Wissen" zum wertvollsten gehört, was ein Unternehmen besitzt, muss dieser auch mit seinen strategischen Inhalten identifiziert und ausgeschöpft werden. Dabei gelingen wirksame Strategien besonders dann, wenn ihre Wurzeln im „Unternehmens-Gedächtnis" fest verankert sind.

In Verbindung mit einer Wissensbilanz können mit dem Strategie-Check Freiräume für neue, kreative Lösungswege gefunden werden. Der Strategie-Check bestimmt den „kritischen Weg", denn wenn man nicht weiß, wohin man geht, landet man sehr leicht anderswo!

Friedrichsdorf, 2008   Jörg Becker

6

INHALTSÜBERSICHT

1. **Geschäftsumfeld für wissensintensive Märkte**

    1.1 Strategische Dimension „Intellektuelles Kapital"
    1.2 Gestaltungsfelder des Wissensmanagements ausloten
    1.3 Produkte mit „gefrorenem" Wissen
    1.4 Turning Knowledge into Cash
    1.5 Strategiefrage: Ist Unternehmenswissen messbar?
    1.6 Fiktives „Projekt-Unternehmen" als Demo-Beispiel

2. **Strategischer Zukunfts-Rohstoff „Wissen"**

    2.1 Vision und Leitbild
    2.2 Strategisches Gut „Wissen"
    2.3 Strategie und Ziele

3. **Bündelung Strategiefaktoren**

    3.1 Für Demo-Beispiele verwendete Faktoren
    3.2 Strategische Prozessfaktoren
    3.3 Strategische Erfolgsfaktoren

4. **Cluster Strategische Prozessfaktoren**

    4.1 GP-1: Leitbild - Unternehmensstrategie
    4.2 GP-2: Management of Change
    4.3 GP-3: Customer Relation Management
    4.4 GP-4: Marketingcontrolling

5. **Cluster Strategische Erfolgsfaktoren**

    5.1 GE-1: Image und Bekanntheitsgrad
    5.2 GE-2: Marktattraktivität, Marktposition
    5.3 GE-3: Entwicklungspotenzial-Benchmarking
    5.4 GE-4: Leistungsqualität

6. **Cluster Strategische Humanfaktoren**

    6.1 HK-1: Unternehmerische Kompetenz
    6.2 HK-2: Aus-, Weiterbildung, Fachqualifikation
    6.3 HK-3: Mitarbeiterzufriedenheit, -motivation
    6.4 HK-4: Wissensmanagement, -bilanzierung

7. **Cluster Strategische Strukturfaktoren**

    7.1 SK-1: Informationssysteme, Anwendungen
    7.2 SK-2: Planungs- und Controlling-Toolbox
    7.3 SK-3: Frühwarn- und Risikokontrollsystem
    7.4 SK-4: Standortfaktoren

8. **Cluster Strategische Beziehungsfaktoren**

    8.1 BK-1: Kunden- und Lieferantenbeziehungen
    8.2 BK-2: Unternehmenskommunikation
    8.3 BK-3: Kompetenznetzwerke
    8.4 BK-4: Logistikbeziehungen

9. **Wirkungsbeziehungen transparent machen**

    9.1 Grundsätzliche Systematik
    9.2 Wie stark und schnell wirken Prozessfaktoren
    9.3 Wirkungsbeziehungen zwischen Clustern
    9.4 Zusammenfassung der Wirkungsstärken
    9.5 Zusammenfassung der Wirkungsdauer
    9.6 Ermittlung der Aktivsummen
    9.7 Ermittlung der Passivsummen

10. **Erfolgspotenziale ausloten**

11. **Strategischer Ausblick auf Maßnahmenpotenziale**

1. Geschäftsumfeld für wissensintensive Märkte

1.1 Strategische Dimension „Intellektuelles Kapital"

Die Vereinbarung strategischer Ziele ist das Kernelement strategischer Planung, welche wiederum die Grundlage für alle operativen Umsetzungsaktivitäten bildet. U.a. geht es auch darum, wie das Intellektuelle Kapital entwickelt werden muss. Für das Geschäftsumfeld erkannte Möglichkeiten und Risiken sollten zur Vision und Strategie in Bezug gesetzt werden. Die Geschäftsstrategie soll beschreiben, wie künftig am Markt, an welchen Standorten mit welchen Produkten und Dienstleistungen agiert werden soll, welche Investitionen sowie Maßnahmen zu Forschung und Entwicklung hierfür vorgesehen sind. Im Hinblick auf die hieraus abzuleitende Wissensstrategie des Intellektuellen Kapitals geht es für ein hier fiktiv angenommenes Projekt-Unternehmen um Fragen wie beispielsweise:

- welches spezifische Wissen, d.h. Intellektuelle Kapital wird zur konkreten Umsetzung der Geschäftsstrategie benötigt?
- welches Intellektuelle Kapital hat uns in der Vergangenheit stark gemacht, was davon ist einzigartig und sichert uns Wettbewerbsvorteile?

Strategien haben immer die Planung der Zukunft zum Inhalt, müssen gleichzeitig aber auch sowohl Stabilität als auch Wandlungsfähigkeit des Projekt-Unternehmens absichern. Die Vision beschreibt langfristige Ziele und ist Grundlage für tragfähige Strategien (z.B. Marktführer in einem Produktsegment, Qualitäts-, Kostenführerschaft u.a.). Die Strategie beschreibt zukünftige Aktionen, beispielsweise:

- Geschäftsstrategie (z.B. Ausbau Angebotsbreite, Ausbau Leistungstiefe)

- Wissensstrategie (z.B. Führungskompetenz einsetzen, Innovationskompetenz weiter ausbauen)

Strategisches Denken ist gesamthaftes, zielorientiertes und langfristiges Denken. Strategisches Denken bezieht sich auf

- unterschiedliche Ausgangssituationen
- unterschiedliche Ziele

D.h.: Strategisches Denken ist Denken in Alternativen mit jeweiligem Berechnen der Folgen. Im Gegensatz zur operativen Planung (Produktions-, Finanz-, Kosten-, Personal-, Verkaufs-, Werbeplan) beschäftigt sich strategische Planung mit Märkten, Produkten und Mitteleinsatz.

Eine gute Strategie und ihre konsequente Umsetzung sind Voraussetzung für den langfristigen Erfolg des Projekt-Unternehmens. Die geeignete Strategie und das hieraus abgeleitete Geschäftsmodell sind abhängig von der Wettbewerbsumgebung, d.h.: nur wenn die Strategie für die jeweiligen Marktbedingungen geeignet ist, wird sie für das Projekt-Unternehmen auch zum Erfolg führen. Die Wahl der besten Strategie muss vor dem Design der Prozesse erfolgen: nur dann können Struktur und Prozesse auch zielgerichtet aufgebaut werden. Fragen:

- Orientiert sich das Projekt-Unternehmen an einem Leitbild?
- Lässt sich das Projekt-Unternehmen von einem Leitbild auch wirklich leiten?
- Ist das Leitbild auf die Zukunft ausgerichtet?
- Reduziert das Leitbild Komplexität?
- Schafft das Leitbild Orientierung und hilft Umfeldereignisse einzuordnen?
- Ist das Leitbild motivierend, erstrebenswert und Begeisterung weckend?

- Decken sich bei dem Leitbild Anspruch und Wirklichkeit?
- Gibt es ein Gefühl kollektiver Verantwortung?

1.2 Gestaltungsfelder des Wissensmanagements ausloten

Für das Wissensmanagement besteht die Hauptaufgabe darin, Wissen zu erzeugen, zu dokumentieren, auszutauschen und anzuwenden. Dabei geht es nicht nur darum, die in Datenbanken und anderen Medien vorliegenden Informationen zusammenzuführen. Ebenso wichtig ist es, die in den Köpfen der Mitarbeiter gespeicherten Informationen für den Informationsprozess verwertbar zu machen. Zu unterscheiden ist zwischen explizitem Wissen, das sich anhand von Regeln abbilden lässt und implizitem Wissen, das sich aus der Problemlösungskompetenz und dem Erfahrungsschatz der Mitarbeiter zusammensetzt. Das Projekt-Unternehmen möchte sich sein intuitives Gefühl für Markttrends und -meinungen erhalten, d.h. man will zwar Zahlen Beachtung schenken, sich aber nicht von ihnen beherrschen lassen.

Zu den Gestaltungsfeldern des Wissensmanagements zählen Wissensziele, Wissensidentifikation, Wissensbewertung und -messung, Wissenserwerb, Wissensentwicklung, Wissensspeicherung, -bewahrung und Wissensnutzung und -verteilung. Wissensziele: stimmen die Aktivitäten des Wissensmanagements auf die Gesamtziele des Unternehmens ab, u.a. durch Festlegung konkreter Ziele für alle Gestaltungsfelder. Um im Fähigkeitenwettbewerb bestehen zu können, müssen Kompetenzen aufgebaut und weiterentwickelt werden, Wissensvorsprünge müssen in konkrete Nutzungsstrategien umgesetzt werden.

Fragen an das Unternehmen:

- welches Wissen ist heute und welches morgen entscheidend für Geschäftserfolge?

- worin liegen Sinn und Notwendigkeit von Wissenszielen?
- welches sind die besonderen Herausforderungen bei der Definition von Wissenszielen?
- ist bekannt, wo und wie stark die Hebelfähigkeiten des vorhandenen Wissens angesetzt werden können?
- werden die allgemeinen Unternehmensziele in strategische und operative Wissensziele übersetzt?
- wird überprüft, inwieweit Wissensziele erreicht wurden?

Wissensidentifikation: hierbei geht es darum, intern bereits vorhandene Wissensbestände erst einmal zu erkennen und dann in systematisierter Form sicht- und greifbar darzustellen. Bisher nicht oder separat genutztes Wissen soll dem Unternehmen als Ganzes zugänglich gemacht werden, Mehrfachaufwand durch redundante Wissensentwicklung soll vermieden werden. In der heutigen Wirtschaftswelt herrscht kein Mangel an Wissen. Unternehmen stehen vielmehr vor dem Problem, einen Überblick über das um sie herum anschwellende Wissen zu behalten. Wer im Wettbewerb erfolgreich agieren will, muss über vollständige Transparenz seiner vorhandenen Wissensbestände verfügen. Transparenz stellt sich nicht automatisch ein, sondern muss zielgerichtet und manchmal auch mühsam erarbeitet werden.

Fragen an das Unternehmen:

- ist transparent, welches Expertenwissen in welcher Form, bei wem und wo bereits im Unternehmen vorhanden ist?
- welche Wissensbestände werden häufig genutzt und welche seltener?

Wissensbewertung und -messung: erfolgreiches Wissensmanagement ist auf praktikable Instrumente zur Wissensbewertung angewiesen. Insbesondere die Glaubwürdigkeit und Nachvollziehbarkeit einer zu erstellenden Wissensbilanz hängt ganz entscheidend von Angaben ab, die der zahlenorientierten Finanz- und Wirtschaftwelt vergleichbar sind. Das traditionelle Managementdenken konzentriert sich nach wie vor auf quantifizierbare Aussagen. Voraussetzung ist, dass das Netzwerk der Beziehungen zwischen einzelnen Komponenten des Intellektuellen Kapitals sinnvoll strukturiert werden, um darauf aufbauend dann geeignete Indikatoren ableiten zu können.

Als Vorstufe zur direkten Quantifizierung bietet sich zunächst eine indirekte Bewertung an. Hierzu müssen zunächst die für das Unternehmen überlebenswichtigen Kernprozesse definiert und beschrieben werden. Hierzu ergänzend müssen die Faktoren herausgefunden werden, die für den Geschäftserfolg des Unternehmens von unmittelbar größter Wichtigkeit sind und hiermit in einem plausiblen Zusammenhang dargestellt werden können. In vielen Fällen wird man hierbei zu einer Mischung aus harten und weichen Indikatoren gelangen. Unter harten Indikatoren werden diejenigen verstanden, die sich eindeutig quantifizieren lassen (z.B. Anzahl neuer Kunden). Unter weichen Faktoren werden diejenigen verstanden, die auf einer qualitativen Basis gemessen werden (z.B. Kundenzufriedenheit).

Wissenserwerb: umfasst alle Maßnahmen zur Beschaffung extern verfügbarer Wissensbestände (Beziehungen zu Kunden und Lieferanten, zu Kooperationspartnern, zu Konkurrenten u.a.). Ebenso zählt hierzu die Beauftragung von Experten oder die Beschaffung von Wissensprodukten (Datenbanken, Software, Studien u.a.). Ziel ist es, das Wissen der Umgebung intelligent in die eigene Geschäftstätigkeit und die eigenen Fähigkeiten einzubeziehen. Es gilt, das interne Unternehmenswissen von außen um das Wissen der Finanzwelt, das Wissen der Kunden, das Wissen der Lieferanten, das Wissen der Öffentlichkeit oder das Wissen der Medien anzureichern.

So beispielsweise besteht die Haupttätigkeit mancher Forschungs- und Entwicklungsabteilungen nicht in der Entwicklung neuer Verfahren und Produkte, sondern im intelligenten Erwerb externen Wissens (z.B. wenn sich immer mehr Pharmaunternehmen das Wissen von Biotechnologiefirmen einkaufen). Oder: Schlüsselkunden wissen als besonders intensive Nutzer häufig mehr über Stärken und Schwächen eines Produktes im täglichen Gebrauch als dessen eigentliche Entwickler selbst.

Frage an das Unternehmen:

- welche externen Wissensquellen werden von dem Unternehmen bisher genutzt?
- werden Leistungserstellungsprozesse auch als Prozesse der Wissensentwicklung gesteuert?
- wo sind im Unternehmen die Zentren der Wissensentwicklung?
- wird kontinuierlich versucht, implizites Wissen auch explizit sichtbar und bewusst zu machen?
- wird im Unternehmen die individuelle Kreativität gefördert?

Der Erwerb von Wissen ist ebenso zu behandeln wie eine Investition im materiellen Vermögensbereich: beispielsweise können auch für Wissensinvestitionen unterschiedliche Amortisationszeiten berechnet werden.

Durch den Ankauf von Wissensprodukten gelangt ein Unternehmen aber nicht automatisch in den Besitz der hierzu gehörenden organisatorischen Fähigkeiten: dieses Potential muss vielmehr erst noch durch sinnvolle Integration in die bestehende Wissensbasis aktiviert werden. Wissensentwicklung: umfasst alle Maßnahmen zur Neuentwicklung von Fähigkeiten, Produkten oder Prozessen (z.B. Forschung und Entwicklung, Marktforschung).

1.3 Produkte mit „gefrorenem" Wissen

Der Großteil des Marktwertes heutiger Produkte und Dienstleistungen basiert auf deren Informationsgehalt. Wenn Informationen in naher Zukunft immer mehr systematisiert und ebenfalls zur allgemein verfügbaren Handelsware geworden sind, werden Wachstum und Marktwert von Produkten und Dienstleistungen immer mehr aus der Wissenskomponente herrühren.

Ein Merkmal eines Wissensproduktes liegt darin, dass es immer intelligenter wird, je öfter man es anwendet. Das Projekt-Unternehmen muss deshalb seine Chancen nutzen, um Produkte mit relativ einfachen Basisnutzen zu wissensintensiven Produkten aufzuwerten (diejenigen Unternehmen, die eine Wissensplattform zu nutzen wissen, werden wertvoller und stärker sein als andere, die nur auf Informationen basieren). Dabei ermittelt das Projekt-Unternehmen, wo in der Kette der Mehrwert am größten ist, um an genau dieser Stelle die entscheidenden Wettbewerbsvorteile zu erkämpfen.

Obwohl heute die Wissensmärkte nahezu unbegrenzt und Wissensprodukte (z.B. Software, Blaupausen u.a., in denen „gefrorenes" Wissen steckt) für jede nur denkbare Anforderung jederzeit verfügbar scheinen, darf das Unternehmen niemals die eigenen Fähigkeiten zur Wissensentwicklung vernachlässigen oder gar verlieren. Denn dieses extern auf Märkten importierbare Wissen steht auch der Konkurrenz offen und lässt sich daher ohne zusätzliche Eigenentwicklung umso schwerer in Wettbewerbsvorteile umsetzen. Nur Wissen, das wirklich neu und nicht jedermann zugänglich ist, schafft die Basis für innovative Produkte und eine wachsende Wertschöpfung.

Im Mittelpunkt der Wissensentwicklung steht daher die Entwicklung neuer Ideen und besserer Fähigkeiten. Dieses Gestaltungsfeld des Wissensmanagement ist somit eng mit dem Innovationsmanagement gekoppelt. Niemand kann dazu gezwungen werden, einen genialen Einfall zu haben (auch nicht durch eine Verdoppelung von Forschungsbudgets). Der Prozess der Wissensentwicklung bewegt sich daher auch im kreativen Bereich und ist dementsprechend schwerer steuerbar, jedenfalls kaum planbar.

Ideenmanagement: Ideen sind zu kostbar, um sie einfach wegzuwerfen. Selbst wenn sie im Moment nicht zu verwenden sind oder unsinnig erscheinen, könnten sie zu einem späteren Zeitpunkt noch einmal von Nutzen sein. Sie müssten dann ein zweites Mal erfunden werden, sofern dies überhaupt möglich ist. Ideen geschehen eher, als dass man sie auf Knopfdruck produzieren kann: im Nachhinein kann man in den seltensten Fällen erklären, wie man zu einer guten Idee/Problemlösung gelangt ist. Die Fähigkeit zur Produktion neuer Ideen und Problemlösungen liegt in der Kreativitätseigenschaft begründet. Kreativität ist eine wichtige Eigenschaft auf dem Weg zur Produktion von Wissen.

Wissensspeicherung: umfasst alle Maßnahmen zur Bewahrung der vorhandenen Wissensbestände. Neues, wertvolles Wissen entsteht oft im Rahmen von Projektarbeiten. Unternehmen müssen deshalb gezielte Maßnahmen ergreifen, um das im Projektverlauf entstandene Wissen zu bewahren (Erfahrungssicherung).

Fragen an das Unternehmen:

- gibt es einen systematischen Entscheidungsprozess darüber, welches Wissen auf welchem Medium gespeichert wird?
- umfasst die Wissensspeicherung Konzepte zum Wiederauffinden von Wissen?
- werden durch Outsourcing unreflektiert Teile des organisatorischen Gedächtnisses gelöscht?
- entstehen Wissenslücken, wenn Mitarbeiter das Unternehmen verlassen?
- werden Projektergebnisse (lessons learned) systematisch für zukünftige Wiederverwendungen gesichert?
- wird Erlebtes und Erfahrenes über den Augenblick hinaus bewahrt?

1.4 Turning Knowledge into Cash

Wissensmanagement = Sicherung von Erfahrung, Transfer von Wissen: der häufig plan- und ziellose Umgang mit Wissen und Fähigkeiten von Mitarbeitern vergeudet Ressourcen und führt zur Demotivation. Der Unternehmenserfolg hängt auch davon ab, wie effizient das Unternehmen seinen Rohstoff Wissen nutzen kann. Die Organisation von gespeichertem Wissen ist die Basis für Innovationen aller Art.

Server, Datenautobahnen und Datenbanken ermöglichen den permanenten Zugriff auf Informationen. Informationen alleine haben aber weder einen besonderen Wert, noch einen Zweck an sich. Sie dienen lediglich als Mittel der Wissenserweiterung. Gleichzeitig aber muss dieses Wissen archiviert und nachvollziehbar kategorisiert werden **(Wissen - das wertvollste, was ein Unternehmen besitzt)**.

Nur geschicktes Wissensmanagement macht es möglich, an die „skills" der Mitarbeiter heranzukommen. Immer mehr zeigt sich, dass eine der wichtigsten Grundlagen von Geschäfts- und Entwicklungsprozessen eine effektive Informationslogistik ist. Die Qualität der Unternehmensleistung basiert nicht nur auf betriebswirtschaftlichen oder sachlichen Daten, sondern ebenso auf Informationen über interne Abläufe, Strukturen, Erfahrungen, Bewertungen von Informationen, Verdichtungen, Vernetzungen. Wissen manifestiert sich in Kommunikationsnetzwerken, d.h. wer hat mit wem zur Lösung welcher Fragestellung kommuniziert. Vor der Wissensanwendung steht aber immer erst der notwendige Wissenserwerb. Wissensmanagement hat somit auch immer mit Ausbildung zu tun. Eine Wissensvermittlung auf Vorrat von früher reicht aber heute bei weitem nicht mehr aus.

Nicht selten hat ein Unternehmen die Erfahrung gemacht, dass über Outsourcing-Maßnahmen auch wertvolles Wissen verloren ging, das kurze Zeit später über teure externe Beraterhonorare zurückgekauft werden musste. Im Zuge von Reorganisationen können wertvolle

Teile des Unternehmens-Gedächtnis untergehen. Ein Grundsatz der Wissensbewahrung lautet, dass alte Erfahrungen nicht von neuem Wissen überschrieben und damit für immer gelöscht werden sollten.

Auch aus juristischer Sicht kann die Bewahrung von Wissensdokumenten bedeutsam sein. Nachdem in einem ersten Schritt bewahrungswürdiges Wissen von weniger wichtigen Wissensbestandteilen getrennt wurde, muss in einem weiteren Schritt über eine organisatorisch angemessene Form der geeigneten Speicherungsformen und -techniken entschieden werden, d.h. wie das elektronische Gedächtnis des Unternehmens am besten zu digitalisieren ist.

Wissen ist die einzige Ressource, die sich durch Gebrauch vermehren lässt. Bezüglich Erfahrungswissen ist es wichtig, dass für den notwendigen Wissenstransfer Erfahrungsprofile der Mitarbeiter dokumentiert und gepflegt werden. Gespeichert werden Daten über die Expertise von Mitarbeitern, Universitäts- und Industriekontakten. Oft ist es hilfreich, Berichte vergangener Projekte zu durchforsten und zugänglich zu machen. Es geht um die Verknüpfung des internen methodischen Knowhows mit dem jeweiligen Anwendungsbereich: nur wer schnell und einfach auf Vorhandenes zurückgreifen kann, gewinnt Freiräume für kreative neue Lösungswege. Je besser es dem Unternehmen gelingt, sein Wissen zu lokalisieren und gezielt einzusetzen, desto mehr kann es sich gegenüber seinen weniger wissensbewussten Konkurrenten absetzen. Das für Problemlösungen benötigte Wissen soll zur richtigen Zeit am richtigen Ort verfügbar sein.

Fragen an das Unternehmen:

- wird häufig Wissen geheim gehalten, weil damit Macht und Ansehen verbunden ist?
- bleibt das wichtigste Wissen häufig auf einzelne Mitarbeiter beschränkt?
- werden Techniken der Wissensmultiplikation eingesetzt?

- werden Wissens- und Kompetenznetzwerke aufgebaut und genutzt ?

1.5 Strategiefrage: Ist Unternehmenswissen messbar ?

Wenn der Wettbewerb immer weniger über Faktoren wie Kosten oder Finanzmittel gewonnen werden kann, muss nach anderen, tiefer liegenden, bisher noch ungenutzten Faktoren gesucht werden (Wissen-Mining). Mining heißt: Wie in einer Mine wird nach den immateriellen Vermögenswerten, d.h. dem Intellektuellen Kapital geschürft. Das Geschäftsumfeld wird dem Projekt-Unternehmen immer mehr eine positive Grundhaltung zum Wandel abverlangen, d.h.: wenn sich das Projekt-Unternehmen nicht selbst der Zukunft stellt, werden es andere tun. Es wird sich dann schnell herausstellen, wer überlebensfähig ist und wer nicht.

Das Projekt-Unternehmen orientiert sich nicht nur an den finanziellen Ergebnissen, sondern auch an den Faktoren, welche zu diesen Ergebnissen führen: aus dem finanziellen Management wird ein Wissensmanagement, das die Schlüsselfaktoren für den Unternehmenserfolg im Auge behält. Das Wissensmanagement versorgt jede Aufgabe innerhalb eines Prozesses mit dem nötigen Wissen über Kunden, Lieferanten, Konkurrenten und Produkte.

Schwierigkeiten ergeben sich dadurch, wenn es darum geht etwas zu bewerten, das man nicht mit dem Millimetermaß des Finanzcontrolling angehen kann. Nicht alles was gemessen wird, muss deshalb auch von Bedeutung sein ; nicht alles was wichtig ist, muss deshalb auch zu messen sein.

Leitfragen sind beispielsweise:

- herrscht eine ausgesprochen quantitativ-finanzorientierte Controlling-Kultur vor oder wurde bereits mit qualitativen Methoden oder Erfolgsmessung experimentiert ?
- sind bereits regelmäßig erhobene Daten oder ganze Meßsysteme verfügbar, die in Form einer Wissensbilanz aggregiert werden könnten ?
- welche sind im speziellen Fall die Aktiva und Passiva in einer Wissensbilanz ?

Die wichtige Frage lautet somit: sind Bewertungen von Wissen messbar ? Die Antwort ist: Ja, denn diese Werte sind fassbare, erfragbare Realitäten. Man kann Skalen vorgeben und die Resultate somit auch quantifizierbar machen und damit letztlich auch einer mathematischen Behandlung zuführen.

Oder: es wird eine Liste einzelner Werte vorgegeben und diese dann in der Reihenfolge ihrer Wichtigkeit geordnet. Auf einer anderen Skala kann gefragt werden, ob dieser oder jener Sachverhalt/Wert für das Projekt-Unternehmen große oder nur geringe Bedeutung besitzt. Man kann auch eine Positiv-Negativ-Skala entwickeln, mit der nicht nur Zustimmung, sondern auch Ablehnung ermittelt werden kann.

Alles was Menschen tun, kann von Menschen evaluiert, also auch gemessen werden ! Im Bereich Marketing/Werbung wurden vergleichbare Totschlagargumente wie "Wie wollen Sie denn die Wirkung eines Werbespots überhaupt messen ?" seit langem entschieden und als gelöst zu den Akten gelegt: die Diskussion endete mit einer totalen Niederlage aller Bewertungs- und Messgegner/-kritiker (wer heute Werbung betreibt, evaluiert Spot- und Anzeigenwirkungen ebenso penibel wie selbstverständlich).

Wer Transparenz scheut, hat meist nur geringes Vertrauen in sein Intellektuelles Kapital und hat in einer immer mehr wissensorientier-

ten Wirtschaftswelt immer weniger Chancen. Indikatoren untermauern die Bewertung und machen diese für Externe überprüfbar. Dort, wo beispielsweise heute das Marketingcontrolling monetäre Deckungsbeiträge und das Vertriebscontrolling mit Berechnungen von Kundenwert oder Auftragseffizienz bereits harte Währungen vorweisen können, muss nunmehr auch die zumeist noch unterentwickelte Wissensbilanz möglichst kurzfristig nachziehen. Die hierzu mittlerweile entwickelten Systeme sind in der Analyse und Steuerung effizient-operativer und effektiv-strategischer Wissensprozesse bereits recht praxistauglich.

Erfahrungen zum Wissensmanagement zeigen, dass der Erfolg zu 80 Prozent von den sogenannten „soft factors", d.h. Unternehmenskultur, den gelebten Werten und Normen der Organisation abhängig ist und nur zu etwa 20 Prozent von den genutzten Informations- und Kommunikationstechniken. Im Vergleich zu gut strukturierten Daten werden Wissen und Erfahrungen von Mitarbeitern in der Regel nicht explizit dargestellt. Genau diese Informationen sind aber für das Wissensmanagement von Bedeutung. Schwach strukturierte Prozesse, deren Ablauf nicht genau vorhersehbar ist, werden meist nur einmal in der gleichen Form durchgeführt. Gerade hierfür spielt die Erzeugung und Nutzung von Wissen die entscheidende Rolle. Beim Wissensmanagement geht es konkret nicht nur darum, die auf separaten Datenbanken und auf anderen Medien vorliegenden Informationen zusammenzuführen. Ebenso wichtig ist es, die in den Köpfen der Mitarbeiter gespeicherten Informationen für das Unternehmen verwertbar zu machen.

Zu unterscheiden ist zwischen explizitem Wissen, das sich anhand von Regeln abbilden lässt und implizitem Wissen, das sich aus Problemlösungskompetenz und Erfahrungsschatz der Mitarbeiter zusammensetzt. D.h. zunächst muss das Wissen der einzelnen Mitarbeiter sowie des gesamten Unternehmens in einer Wissens-Landkarte zusammengefasst werden. Diese verzeichnet Wissensquellen und Wissenssenken: wo sitzen Experten zu welchen Themen, wo besteht

Bedarf für welche Informationen. Wer effizientes Wissensmanagement betreiben will, muss die Prozesse im Unternehmen genau kennen. Dazu gehören die zur Durchführung einzelner Prozesse benötigten Informationen ebenso wie die an diesen Prozessen beteiligten Mitarbeiter.

Checkliste Wissensmanagement:

1. Sie kennen Ihre Produkte, Märkte, Konkurrenten u.a. Welche Vorstellung haben Sie von dem Wissen, das für Ihren Erfolg bestimmend ist?
2. Welche Faktoren bestimmen Ihre derzeitige Wettbewerbsposition stärker: Intellektuelles Kapital oder klassische Produktionsfaktoren?
3. Welche Unternehmen sind in Ihrer Branche "Vor"-denker und welche "Nach"-denker? Zu welcher Kategorie zählen Sie sich?
4. Wo entstehen in Ihrer Branche neue Technologien, Managementinnovationen?
5. Welche anderen Branchen entwickeln Wissen, das für Ihr Geschäftsmodell gefährlich werden könnte?
6. In welchen Branchen könnten Sie umgekehrt Ihr Wissen nutzbringend einsetzen?

Checkliste Wissensbasis:

1. Gelingt in Ihrem Bereich/Unternehmen die Umwandlung von Daten in sinnvolle Informationen oder ertrinken Sie statt dessen in einer Informationsflut?
2. Besitzen Sie/Ihre Mitarbeiter die notwendigen Fähigkeiten, um das vorhandene Angebot an aufbereiteter Information sinnvoll zu nutzen?
3. Gibt es eine bereits tragfähige Ausgangsbasis, die für zielgerichtetes Wissensmanagement genutzt werden kann?

Dabei ist Information ist nicht immer unbedingt das, was von den Computern auf den Schreibtisch der Führungskräfte gelangt. Vielmehr gilt in diesem Sinn als Information immer nur das, was diese brauchen, um handeln zu können: die aus den Datenverarbeitungssystemen gewonnenen Informationen stellen oft nur wenige Prozent des geschäftsspezifischen Wissens eines Unternehmens dar. Je effektiver Unternehmen ihre Datenbestände auswerten und je genauere Informationen sie über ihre Kunden erhalten, desto mehr Umsatz können sie generieren.

D.h. Speichern von Informationen, das durch die technischen Quantensprünge unglaubliche Dimensionen angenommen hat, sollte nicht mit ihrer Verarbeitung gleichgesetzt werden. Durch die technischen Möglichkeiten begünstigt wird auch oft ein zu hoher Detaillierungsgrad verfolgt, der die personellen Informationskapazitäten überbeansprucht und damit Lernprozesse und Kreativität hemmt. Dies führt zwangsläufig zu der Erkenntnis, dass neben dem Datenschutz eine menschlich machbare Verwertbarkeit der Datenflut gewährleistet sein muss. Denn Datenmüll, ungenaue oder inkonsistente Daten werden auch immer nur falsche Informationen liefern. Diese wiederum würden mehr oder weniger zwangsläufig falsche Entscheidungen verursachen.

Der Zusammenhang zwischen Wettbewerbsvorteilen und Informationen nimmt mit dem Eintritt in das neue Jahrtausend weiter beständig zu: die Entwicklung hin zur Informationsgesellschaft sorgt nicht nur für partielle Veränderungen, sondern kündigt bereits die künftige Gesellschaft an. Insbesondere kommt es darauf an, Informationsverarbeitungskapazitäten über die Wissensgenerierung bis hin zur Innovation für wettbewerbsrelevante Informationen über Kunden und Fähigkeiten des eigenen Unternehmens zu nutzen. Zur erfolgreichen Umsetzung seiner Ziele braucht das Unternehmen steuerungsrelevante Informationen, die aus umfangreichen Datenbeständen präzise und übersichtlich herausgearbeitet werden müssen.

1.6 Fiktives „Projekt-Unternehmen" als Demo-Beispiel

Als rein fiktives Demo-Beispiel wird im folgenden immer allgemein von einem „Projekt-Unternehmen" gesprochen, dessen Strategien vor dem Hintergrund eines wissensintensiven Marktes entwickelt und überprüft werden sollen.

Vor Beginn der Arbeiten für eine Wissensbilanzierung sollte sich das Projekt-Unternehmen folgende grundsätzliche Fragen vorlegen:

- in welchem Geschäft sind wir tätig?
- agieren wir in einem etablierten Markt?
- auf welchen Gebieten sehen wir Stärken und Schwächen?
- wie schätzt nach unserer Meinung das Zielpublikum unsere Stärken und Schwächen ein?
- wer sind unsere Konkurrenten und was sind deren Stärken und Schwächen?
- welche Richtung wollen wir kurzfristig und langfristig überhaupt einschlagen?
- welches sind die Schlüsselfaktoren für unseren Erfolg?
- wie lange werden wir brauchen, um im Zielmarkt bzw. -segment unsere Strategien durchzusetzen?
- welche Trends sehen wir in unserem Zielmarkt und wie beurteilen wir diese?

Mit dem Geschäftsumfeld werden grundsätzlich Bereiche wie beispielsweise Absatz- und Beschaffungsmärkte, Wettbewerber, technologische und politische Rahmenbedingungen, soziales Umfeld oder aktuelle Konjunkturlage beschrieben. Es geht um die Frage, welche Chancen und Risiken das Projekt-Unternehmen für sein Geschäft sieht.

Bezüglich des Projekt-Unternehmens könnten u.a. folgende Umfeldbedingungen von Bedeutung sein: Globale Veränderungen, Umwälzungen, Anpassungsprozesse, Wandel von Produktions- zu Wissensstandorten, Wettbewerbsintensität nimmt ständig zu bis hin zum Ausscheidungs- und Verdrängungswettbewerb. In jedem Fall ist sicher: für seine Zukunft muss das Projekt-Unternehmen mit einem herausfordernden Geschäftsumfeld rechnen, das ihm nicht die Wahl lassen wird, erst einmal abzuwarten.

Weitere Fragen zum Geschäftsumfeld:

- Welche Chancen und Risiken beeinflussen das Geschäft?
- Welche aktuellen Entwicklungen im Geschäftsumfeld (z.B. neue Wettbewerber, neue Technologien, neue Gesetze) gibt es?
- Wie sieht der Markt für potentielle, zukünftige Mitarbeiter aus?
- Wie ist die wirtschaftliche Wettbewerbssituation?
- Welche Chancen gibt es, um sich am Markt zu verbessern?
- Welche Risiken liegen im Geschäftsumfeld, die das Geschäft negativ beeinflussen können?
- Wie sind die Absatzmärkte?
- Wie sind die Beschaffungsmärkte?
- Welche Wettbewerber gibt es?
- Wie sind die technologischen Rahmenbedingungen?
- Gibt es politische Rahmenbedingungen, die beachtet werden müssen?
- Wie sieht das soziale Umfeld am Standort des Unternehmens aus?
- Wie ist die aktuelle Konjunkturlage allgemein bzw. der Branche?
- Vision: Was will das Unternehmen erreichen?
- Welche Position am Markt will das Unternehmen einnehmen?
- Welche übergeordneten, langfristigen Ziele sollen verfolgt werden?
- Gibt es eine explizite Unternehmensvision?

- Strategie: Welche Strategie wird verfolgt?
- Was hat in der Vergangenheit stark gemacht?
- Welches Wissen wird konkret benötigt und ist unbedingt notwendig, um am Markt erfolgreich zu sein?
- Wie muss das Wissen in Bezug auf Kunden und Wettbewerbsfähigkeit entwickelt werden?
- Welche neuen Produkte oder Geschäftsfelder sollen in Zukunft auf-/ausgebaut werden?
- Welche Bereiche sollen zurückgefahren/abgeschafft werden?
- Gibt es Unterlagen bezügl. Leitbild?

2 Strategischer Zukunfts-Rohstoff „Wissen"

2.1 Vision und Leitbild

Eine Vision beschreibt immer eine veränderte Situation, die stark von den augenblicklichen Gegebenheiten abweicht: sie ist weit mehr als nur eine Extrapolation der Gegenwart. Es wird eine neue Welt angestrebt, die Begeisterung auslösen sollte. Was die Vision vom Plan abhebt, ist immer auch ein Stück gewollte und herbeigesehnte Zukunft.

Denn Geschäftserfolge sind kein Zufall, sondern ambitionöse Ziele sind das Fundament, auf dem sich große Erfolge aufbauen lassen: am Anfang steht immer eine Vorstellung von der Zukunft. D.h. meistens wird mit einer solchen Vision etwas angestrebt, was heute noch Seltenheitswert hat und stark von den Intentionen der Mehrheit differenziert. Die Vision ist quasi der geistige Vorreiter des Management by Change. Insofern erfüllt die Wissensbilanzierung mit der Identifizierung und Bewertung des Intellektuellen Kapitals auch die Kriterien einer konkreten Vision.

Die Vision beschreibt langfristige Ziele des Projekt-Unternehmens und ist die Grundlage für eine tragfähige Strategie. Es geht um die Frage, welche langfristigen Ziele seitens des Projekt-Unternehmens verfolgt werden und wie sich das Projekt-Unternehmen langfristig positionieren will. Die Vision des Projekt-Unternehmens: es wird angestrebt, mit Hilfe der Wissensbilanzierung die Kommunikation mit dem Geschäftsumfeld zu intensivieren und zu verbessern.

Der erwartete Nutzen für die Arbeit des Projekt-Unternehmens:

- Ermittlung des Stellenwertes immaterieller Ressourcen für den Geschäftserfolg (Priorisierung von Aktivitäten, Maßnahmen u.a.)
- Konzentration auf den Kunden (bessere Ausrichtung auf die Wertschöpfung durch Wissen über Kundenbedürfnisse).

Bevor Visionen in wirkungsvolle Strategien umgesetzt werden können, müssen die erforderlichen Voraussetzungen geschaffen werden, d.h. beispielsweise: Analysen des Marktvolumens, der Zukunftschancen auf ausgewählten Zielmärkten, der Aktivitäten der Mitbewerber. Das Projekt-Unternehmen will sich daher zunächst vergewissern, wie es im Verhältnis zum Wettbewerb und zum eigenen bzw. potenziellen Kundenkreis steht. Erst wenn die eigenen Stärken und Schwächen bekannt sind und diese zu Mitbewerbern ins Verhältnis gesetzt wurden, entsteht eine ausreichend tragfähige Basis für die gezielte Entwicklung von Strategien.

Von dem Projekt-Unternehmen werden folgende Grundsätze angestrebt:

- Konzentration der Kräfte,
- Ausbau von Stärken, Abbau von Schwächen,
- Ausschöpfen von Marktpotenzialen und -chancen,

- Existenz-/Wachstumssicherung durch Innovationen (time-to-market),
- Abstimmung von Zielen und Mitteln,
- Forward-Marketing und Risikocontrolling,
- Ausnutzung von Koalitionsmöglichkeiten (Zusammenarbeit, Kooperationen),
- KISS (keep it simple and stupid),
- Beharrlichkeit, Nachhaltigkeit.

Für die Entwicklung des Leitbildes müssen zunächst nicht nur betriebswirtschaftliche Daten und Prozesse, sondern auch Einstellungen und typische Verhaltensmuster von Mitarbeitern und Führungskräften sowie Kommunikationsformen analysiert werden. Die zentrale Frage lautet:

- wie kann die Transformation von Potential in Leistung sichergestellt werden ?

Vor allem anderen kommt es dabei darauf an, Mitarbeiter fair zu behandeln: Verhalten und Leistungen der Mitarbeiter hängen stark davon ab, ob sie sich gerecht behandelt fühlen. Immer dann wenn Mitarbeiter das Gefühl haben, dass ihre Vorgesetzten fair mit ihnen umgehen, sinken meist auch Krankenstände, Fluktuation (gleichzeitig steigt die Bereitschaft, sich für das Unternehmen zu engagieren). Wenn sich das Projekt-Unternehmen nunmehr intensiv mit Fragen der Wissensbilanzierung auseinandersetzt und bereit ist, mit der Erstellung einer Bilanz für das Intellektuelle Kapital quasi Neuland zu betreten, so erfüllt es damit die oben skizzierten Vision-Grundsätze.

Es geht darum, nicht nur regulatorische Vorgaben (Grundsätze des Leitbildes gelten zunächst als "nur weiche" Verhaltensregeln) zu erstellen: es darf nicht vergessen werden, die eigenen Regeln auch zu verinnerlichen und in fundierte geschäftliche Praxis umzusetzen. Die gelebte Unternehmenskultur trägt entscheidend dazu bei, die in den

Mitarbeitern des Unternehmens vorhandenen Potenziale an Kreativität, Zusammengehörigkeit, Kundenorientierung, Lernbereitschaft und Flexibilität zu aktivieren. Den Mitarbeitern soll das Leitbild von Anfang an begreiflich gemacht werden. Es soll vermieden werden, dass dem Leitbild zu wenig Beachtung geschenkt wird und der Eindruck entsteht, dass das Leitbild im Alltagsgeschäft keine Rolle spielt (Mitarbeiter meinen, dass Papier geduldig ist).

Das Leitbild muss zum aktiv gelebten (vor allem seitens der Führungskräfte mit Vorbildfunktion) Bestandteil der Unternehmenskultur werden, d.h. das Wertesystem muss im Unternehmen auch tatsächlich "gelebt" werden, ansonsten bleibt es im Wettbewerb eine stumpfe Waffe. Ein aktiv gelebtes Leitbild wirkt sich positiv nicht nur auf Geschäftsprozesse, sondern auch auf die Kosten- und Ertragsstruktur des Unternehmens aus: eine auf festen Wertvorstellungen ruhende Geschäftsstrategie gibt den Mitarbeitern das Gefühl, einen nützlichen Beitrag zum Geschäftserfolg zu leisten. Feste Wertvorstellungen zwingen zu einem stetigen Überdenken der Unternehmensziele, der Geschäftserwartungen und der Handlungsspielräume. In diesem Kontext wird das Leitbild zu einem hohen strategischen Gut.

Systematisch betrachtet lassen sich bei der Erstellung/Wirkung eines Leitbildes mehrere Fehlerkategorien ableiten:

- Man neigt dazu, das Leitbild zu ausführlich zu formulieren: bei dem Versuch, nichts Wichtiges unerwähnt zu lassen, entsteht der Eindruck der Beliebigkeit.
- U.a. leiden Leitbilder an mangelnder Kompaktheit, so dass sie wegen ihrer Ausführlichkeit nicht mehr konturenscharf wahrnehmbar sind.
- Neben der Tendenz zum "Zuviel-Gewollt" werden Leitbilder z.T. auch durch eine allgemeine Inhaltsleere geprägt.
- Man spürt, dass ein Leitbild im Kompromiss von zu vielen unterschiedlichen Meinungen und Interessen entstanden ist: wie oft in der Politik fehlt dem kleinsten gemeinsamen

Nenner dann das scharfe, unverwechselbare Profil. Ein Leitbild sollte das in Worte fassen, was ein Unternehmen attraktiv, einzigartig und damit anfassbar macht.
- Mit dem unscharfen, allgemeinen Leitbild fehlt die unternehmensspezifische Ausprägung, d.h. derselbe Text könnte auch von dem Wettbewerber X oder Y stammen. Bei fehlendem Unternehmensbezug können abstrakt formulierte Leitlinien nicht dazu beitragen, Mitarbeitern, Kunden, Lieferanten u.a. die spezielle Kultur des Unternehmens verbindlich näher zu bringen.
- Bei sog. kalten Leitbildern (d.h. wie aus dem Lehrbuch abgeschrieben) ersetzen wunschgetränkte Theoriepapiere die Abbildung der tatsächlichen Zustände: es fehlt an Herzblut.
- Viele Leitbildtexte verharren im Allgemeinen und vermeiden das Bekenntnis zur Leistungskultur: Leitbilder sollen ja binden und zu mehr Leistungen inspirieren. Ein Leitbild verbessert die tägliche Lebenswelt im Unternehmen nur, wenn das Gedankengut auch wirklich im täglichen Handeln verankert wird. Merkmale eines sprachlich brillant formulierten Leitbildes sind u.a.: Kürze, Eindeutigkeit und Unverwechselbarkeit.

2.2 Strategisches Gut „Wissen"

Mit dem strategischen Gut „Wissen" muss verantwortungsbewusst umgegangen werden. Erfahrungen zum Wissensmanagement zeigen, dass der Erfolg zu 80 Prozent von den sogenannten „soft factors", d.h. Unternehmenskultur, den gelebten Werten und Normen der Organisation abhängig ist und nur zu etwa 20 Prozent von den genutzten Informations- und Kommunikationstechniken. Im Vergleich zu gut strukturierten Daten werden Wissen und Erfahrungen von Mitarbeitern in der Regel nicht explizit dargestellt. Genau diese Informationen sind aber für das Wissensmanagement von Bedeutung. Schwach strukturierte Prozesse, deren Ablauf nicht genau vorhersehbar ist, werden meist nur einmal in der gleichen Form durchgeführt. Gerade hierfür spielt die Erzeugung und Nutzung von Wissen die entscheidende Rolle.

Beim Wissensmanagement geht es konkret nicht nur darum, die auf separaten Datenbanken und auf anderen Medien vorliegenden Informationen zusammenzuführen. Ebenso wichtig ist es, die in den Köpfen der Mitarbeiter gespeicherten Informationen für das Unternehmen verwertbar zu machen. Zu unterscheiden ist zwischen explizitem Wissen, das sich anhand von Regeln abbilden lässt und implizitem Wissen, das sich aus Problemlösungskompetenz und Erfahrungsschatz der Mitarbeiter zusammensetzt. D.h. zunächst muss das Wissen der einzelnen Mitarbeiter sowie des gesamten Unternehmens in einer Wissens-Landkarte zusammengefasst werden. Diese verzeichnet Wissensquellen und Wissenssenken: wo sitzen Experten zu welchen Themen, wo besteht Bedarf für welche Informationen.

Wer effizientes Wissensmanagement betreiben will, muss die Prozesse im Unternehmen genau kennen. Dazu gehören die zur Durchführung einzelner Prozesse benötigten Informationen ebenso wie die an diesen Prozessen beteiligten Mitarbeiter. Bezüglich Erfahrungswissen bei der Projektarbeit ist es wichtig, dass für den notwendigen Wissenstransfer Erfahrungsprofile der Mitarbeiter dokumentiert und gepflegt werden. Für die Zusammenstellung von Projektteams sind diese Erfahrungsprofile eigentlich unabdingbar. Gespeichert werden Daten über die Expertise von Mitarbeitern, Universitäts- und Industriekontakten. Damit ist ein erster Schritt zur Verknüpfung von Projekt- und Wissensmanagement getan. Oft ist es weiter hilfreich, Berichte vergangener Projekte zu durchforsten und zugänglich zu machen. Es geht um die Verknüpfung des internen methodischen Knowhows mit dem jeweiligen Anwendungsbereich. Eine erfahrungssichernde Projektdokumentation erfordert zwar Zeit.

Aber nur wer schnell und einfach auf Vorhandenes zurückgreifen kann, gewinnt Freiräume für kreative neue Lösungswege. Eine

Hauptaufgabe wird deshalb in Zukunft sein, Wissen zu erzeugen, zu dokumentieren, auszutauschen und anzuwenden. Dabei sind Daten eine Möglichkeit, Sachverhalte abzubilden, Informationen wiederum sind eine sinnvolle Anordnung von Daten. Daten sind zur Massenware mit abnehmendem Grenznutzen geworden. Somit muss Information nicht immer bereits schon Wissen sein: Wissen ist vielmehr erst die Anwendung und der produktive Gebrauch von Informationen.

Das Projekt-Unternehmen will untersuchen, wie Wissensaspekte auf verschiedenen Zielebenen integriert werden können. Die Weiterentwicklung und Pflege der derzeit noch vollständiger zu identifizierenden Wissensbasis soll bewusst in den Mittelpunkt zukünftiger Planungsaktivitäten gestellt werden. D.h. ein effizientes Wissensmanagement gilt als Quelle für Wachstum und Gewinn, in der Vision des Unternehmens wird zusätzlich auch die Wissenskomponente als zentrales Element der Wertschöpfung des Geschäftserfolges aufgenommen.

Fragen:

- welches Wissen ist heute und welches morgen entscheidend für Geschäftserfolge ? –
- worin liegen Sinn und Notwendigkeit von Wissenszielen ?
- welches sind die besonderen Herausforderungen bei der Definition von Wissenszielen ?
- ist bekannt, wo und wie stark die Hebelfähigkeiten des vorhandenen Wissens angesetzt werden können ?
- werden die allgemeinen Unternehmensziele in strategische und operative Wissensziele übersetzt ?
- wird überprüft, inwieweit Wissensziele erreicht wurden ?
- Sind die relevanten Einflussfaktoren zur Entwicklung des Intellektuellen Kapitals identifiziert ?

2.3 Strategie und Ziele

Unter günstigen Verhältnissen kann jeder Erfolg haben. Unter widrigen Verhältnissen aber bestimmen unternehmerische Kompetenz und eine gute Strategie die Erfolgschancen. Eine Strategie ist immer dann gut, wenn mit einem solchen ganzheitlichen Konzept Wettbewerbsvorteile erarbeitet und gute bzw. überdurchschnittliche Renditen erwartet werden können. Eine gute Strategie muss Fragen beantworten wie: in welchem Markt sind wir ? welche Märkte schließen wir aus ? Eine gute Strategie muss herausfinden, ob der Markt Eintrittsbarrieren hat, die uns erlauben, das zu tun, was andere nicht können (in Märkten ohne Eintrittsbarrieren zählt allein die operative Effizienz).

Die Strategie bestimmt den "kritischen Weg", d.h. die zeitliche Abfolge und Dauer von Tätigkeiten. Eine gute Strategie darf nicht durch "Personen der Negative" verzerrt werden, sondern muss durch Leadership vorgelebt werden (Strategy follows people, the right person leads to the right strategy). Eine gute Strategie ist zwar einfach, jedoch nicht so dass jeder Konkurrent sie sofort durchschauen kann. Strategie ist niemals schematisches Handeln, sondern immer ein sehr komplexes und dynamisches Vorbereitetsein, um neue und unerwartete Potenziale nutzen oder schlecht kalkulierte Risiken abwenden zu können. Wenn man nicht weiß, wohin man geht, endet man leicht anderswo !

Voraussetzung für den Geschäftserfolg sind klare Ziele und eine Strategie, mit deren Umsetzung die Chancen und Risiken des Branchen- und Wettbewerbsumfeldes mit den jeweiligen Stärken des Unternehmens kombiniert werden. Oberstes Ziel ist es, sich in einer sich verändernden Wirtschaftswelt zu behaupten, die Ressourcen der Wissensgesellschaft optimal zu nutzen sowie den Transfer von geistigem Kapital in marktfähige Produkte zu optimieren. Die Strategie beschreibt zukünftige Aktionen. Es geht um die Frage wie das Geschäft und Intellektuelle Kapital entwickelt werden müssen, um die Vision zu erreichen. Geschäftsstrategie des Projekt-Unternehmens:

- Wissensvorsprung gegenüber anderen erzielen, sichern und ausbauen. Dabei kommt es nicht nur darauf an, eine Wissensbilanz zu erarbeiten: diese soll auch in die Realität umgesetzt werden, indem aus den zu identifizierenden Entwicklungspotenzialen konkrete Maßnahmen abgeleitet und umgesetzt werden.

- Schnelligkeit, Flexibilität (Speed-Management): Im Geschäftsmodell des Projekt-Unternehmens ist Schnelligkeit meistens gleichbedeutend mit Erfolg. Als sich entwickelndes Wissensunternehmen beginnt das Projekt-Unternehmen mit einer Vision und Konzeption und bewegt diese immer schneller und besser durch die Wertekette hindurch zum Kunden. Dabei wird ermittelt, wo in der Kette der Mehrwert am größten ist, um an genau dieser Stelle anzusetzen und entscheidende Wettbewerbsvorteile herauszuarbeiten.

- Das Projekt-Unternehmen will die Gestaltungsfelder im Wissensmanagement als Motor für sein zukünftiges Wachstum einsetzen. Dies bedeutet "Turning Knowledge into Cash", d.h. dem im Unternehmen vorhandenen Wissen soll ein monetärer, materieller und informationsbezogener Austauschwert verliehen werden (Umwandlung von Wissen in Wertschöpfung).

- Über den Weg zur Erstellung einer Wissensbilanz sollen Stärken potenziert und Schwächen eliminiert werden.

Das Projekt-Unternehmen hat für sich folgenden Ziel-Katalog erarbeitet:

1. Produktqualität
2. Effizienzsteigerung der Unternehmensführung
3. Verbesserung der Mitarbeitermotivation
4. Steigerung des Marktanteils
5. Verringerung der Produktentwicklungszeit
6. Verbesserung Kommunikation
7. Verbesserung Lieferservice
8. Verbesserung After-Sales-Service
9. Verbesserung Liefertreue
10. Flexibles Eingehen auf Kundenwünsche
11. Verbesserung Datentransfer mit Kunden/Lieferanten
12. Verbesserung Auftragsdurchlaufzeit

3 Bündelung Strategiefaktoren

3.1 Als Demo-Beispiel verwendete Faktoren

Für das fiktive „Projekt-Unternehmen", das für die Demo-Beispiele zur Illustration der beschriebenen Konzepte angenommen werden soll, werden Einflussfaktoren verwendet, für die bereits an anderer Stelle detaillierte Bewertungsverfahren beschrieben worden sind. (Vgl. Jörg Becker: Marketingcontrolling und Intellektuelles Kapital, Norderstedt 2008).

Für die Demo-Beispiele des Strategie-Checks wird daraus folgendes Faktoren-Tableau übernommen:

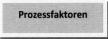

GP-1: Leitbild und Unternehmensstrategie
GP-2: Innovationsmanagement, Management of Change
GP-3: Customer Relation Management
GP-4: Marketingcontrolling

Erfolgsfaktoren

GE-1: Image und Bekanntheitsgrad
GE-2: Marktattraktivität, Marktposition, Konkurrenz
GE-3: Entwicklungspotentiale, Umfeld- und Kundenbeobachtung
GE-4: Leistungsqualität

Humanfaktoren

HK-1: Unternehmerische Kompetenz
HK-2: Aus-/Weiterbildung, Fachqualifikation
HK-3: Mitarbeiterzufriedenheit, -motivation
HK-4: Wissensmanagement, -bilanzierung

Strukturfaktoren

SK-1: Informationssysteme und Anwendungen
SK-2: Planungs- und Controlling-Toolbox
SK-3: Frühwarn-, Risikokontrollsystem
SK-4: Standortfaktoren

Beziehungfaktoren

BK-1; Kunden- und Lieferantenbeziehungen, Kooperationen
BK-2: Unternehmenskommunikation
BK-3: Kompetenznetzwerke
BK-4: Logistikbeziehungen

In Anlehnung an Verfahren wie sie für die Wissensbilanzierung Verwendung finden, wurden diese Faktoren bereits nach den fünf Clustern, nämlich

- Prozessfaktoren
- Erfolgsfaktoren
- Humanfaktoren
- Strukturfaktoren
- Beziehungsfaktoren

gruppiert. Nachfolgend sollen in diesem Kapitel einige strategische Aspekte dieser Faktoren näher beschrieben werden.

3.2 Strategische Prozessfaktoren

Das Projekt-Unternehmen will sein Geschäft mit Hilfe der Wissensbilanz einer strategischen Analyse unterziehen und hierauf aufbauend unterschiedliche Szenarien der Unternehmensentwicklung erarbeiten. Von den Ergebnissen können dann Hinweise über Chancen zur Wertsteigerung des Unternehmens sowie für weiterführende Maßnahmen abgeleitet werden. Das Unternehmen muss deshalb seine spezifischen Geschäftsprozesse herausarbeiten. Dabei werden für das Gesamtunternehmen die Prozesse in Hauptprozesse und Teilprozesse unterteilt. Es müssen die kritischen Erfolgsfaktoren identifiziert werden:

- wo tauchen Probleme auf?
- wie sieht der Kunde die Leistungsfähigkeit (beispielsweise hinsichtlich Qualität, Kosten)?
- wo bestehen gegenüber dem Wettbewerb offenkundige Leistungslücken?
- in welchen Bereichen sind die Durchlauf- und Prozesszeiten besonders hoch?
- in welchen Bereichen ist der Ressourceneinsatz besonders hoch/besonders gestiegen?

Damit können diejenigen Prozesse ermittelt werden, für die jeweils die höchsten Verbesserungspotenziale zu erwarten sind.

Wir leben in einer Zeit der externen Vergabe ganzer Geschäftsprozesse (Business Process Outsourcing = BPO): aufgrund des Wettbewerbsdrucks versucht man durch Ausgliederung von Geschäftsprozessen vor allem Kosten zu senken. Nachdem in der Vergangenheit meist administrative Prozesse (z.B. Gehaltsabrechnung) ausgelagert wurden, verlagert sich aufgrund heute verfügbarer Techniken das Gewicht nunmehr hin zur externen Vergabe auch umfangreicher und komplexer Prozesse. Die IT ermöglicht den Zugriff auf Personal in Niedriglohnländern. Somit kommt auch jeder Ablauf, der weder Kernprozess ist noch zur Differenzierung im Markt beiträgt in Frage.

Für ein Funktionieren von BPO ist Voraussetzung, dass alle Abläufe (einschl. der Resultate und Schnittstellen) verstanden werden, d.h. unausgereifte Prozesse eignen sich nicht für BPO. Der Outsourcing-Anbieter kann entweder die alten Prozesse übernehmen oder möglicherweise an neue aufsetzen, da er vielleicht aufgrund seiner breiten Kundenbasis über bessere, effizientere, standardisierte Prozesse verfügt. Die IT ermöglicht nicht nur Ausgliederungen von Geschäftsprozessen, sondern ist auch die Voraussetzung hierfür.

Die Optimierung von Geschäftsprozessen erfordert ein flexibles Prozessmanagement, indem die Prozess-Performance zu prüfen ist und Prozessverbesserungen umzusetzen sind. Die Evolution der zu optimierenden Geschäftsprozesse muss inhaltlich durch gesicherte, umfassende Prozessinformationen gelenkt werden. Diese Prozessinformationen müssen die Ist-Situation im Unternehmen derart detailliert und genau abbilden, dass Analysen zur Prüfung der Prozess-Performance ermöglicht werden.

D.h. hierzu müssen u.a. folgende Anforderungen erfüllt werden:

- Über den tatsächlichen Prozessablauf müssen gesicherte Informationen aufgezeichnet werden (beispielsweise zu Häufigkeiten, Durchlaufzeiten, Beteiligten, Rückfragen, Ausnahmen, Terminüberschreitungen u.a.).

- Die Auswertbarkeit von laufenden Geschäftsprozessen muss gewährleistet sein, differenzierte Zeit- und Kosteninformationen (beispielsweise Liegezeiten, Dauer von Geschäftsprozessen u.a.) müssen verfügbar sein. Diese Informationen und darauf aufbauende Analysen bilden die Entscheidungsgrundlagen, um etwaige Prozessänderungen oder ein Prozess-Redesign auf betriebswirtschaftlicher Ebene zu initiieren bzw. Alternativen für diese zu erarbeiten und zu bewerten.

Geschäftsprozessorientierung statt Funktionsperfektionierung: das Prozessmanagement hat zum Ziel, entlang der gesamten Wertschöpfungskette bisher noch nicht ausgeschöpfte Potenziale, die bisher auch nicht durch Automation oder hierarchische Neugliederung erschlossen werden konnten, für den Unternehmenserfolg nutzbar zu machen, d.h.: anstatt Funktionsperfektion (d.h. nicht die perfekte Ausgestaltung einer Funktion) steht die Geschäftsprozessorientierung (d.h. der horizontale Fluss der Wertschöpfung) im Vordergrund. Dabei geben die strategischen Ziele des Projekt-Unternehmens an, welche Prozesse welche Leistung haben müssen, um die Finanz- und Kundenziele zu erreichen.

Die Reduzierung der Prozesskomplexität korreliert direkt mit der Prozessqualität. Beispielsweise kann bereits in einem Frühstadium des Produktentstehungsprozesses durch Design- und Konstruktionsänderungen die Komplexität positiv verändert werden. Geschäftsprozesse können effizienzsteigernd optimiert werden durch Minimierung der Ablaufzeiten, Minimierung der eingebundenen organisatorischen Einheiten, Minimierung der Liegezeiten, Weglassen von Ablaufschritten, parallele Durchführung von Ablaufschritten, Optimierung einzelner Ablaufschritte, Integration angrenzender Geschäftsprozesse, Vermeiden von Schnittstellen, Reduzieren von Medienbrüchen, übergreifende Bereitstellung von Informationen, Nutzung von Synergiepotenzialen, Bündelung von Abläufen, Standardisierungen, Verbesserung von Kommunikation.

Kosten-, Qualitäts- und Zeitoptimierung: grundsätzlich können Prozesse über die sich gegenseitig beeinflussenden Größen Qualität, Kosten und Zeit optimiert werden. Die Prozessoptimierung setzt sich daher aus den Bausteinen Prozesskostenmanagement, Prozessqualitätsmanagement und Prozesszeitmanagement zusammen. So fängt die Prozessoptimierung bereits mit Forschung und Entwicklung an, denn: die Produktarchitektur bestimmt direkt auch die Kosten der Beschaffung.

Für die kontinuierliche Verbesserung von bestehenden Prozessen bzw. einen fehlerfreien Prozessablauf sollten in erster Linie die Erkenntnisse des Total Quality Managements als Basis herangezogen werden. Als kritische Größen des Erfolges müssen deshalb neben Umsätzen, Kosten und Deckungsbeiträgen auch Faktoren wie Zeit und Qualität gemessen werden. Grundsätzlich gilt ein Prozess dann als beherrschbar, wenn er auch messbar ist. Nur was mess- und damit steuerbar ist, lässt sich auch verbessern.

Messgrößen, die sich auf die Qualität der Unternehmensleistung beziehen:

- Cycle time (TCT) = Zeit zwischen Beginn und Ende eines betriebl. Prozesses,
- Dynamische Durchlaufzeit = Summe der Aktivitäten im Prozess (AIP) : aktuelle Prozessgeschwindigkeit
- First Passed Yield (FPY) = Aufträge in % die beim ersten Durchgang korrekte Ergebnisse aufweisen bzw. erfüllt sind (Qualitätskennzahl über den jeweils gemessenen Prozess, d.h. Wiederholungsprozesse einschl. Rückfragen werden als grundsätzlich prozesshemmend angesehen)

- On time delivery (OTD) = Aufträge in %, die pro Zeiteinheit pünktlich ausgeliefert wurden (Qualitätskennzahl zur Messung der Kundenzufriedenheit).

Prozessverbesserungen: je früher desto günstiger für die Qualität. Damit sich das Projekt-Unternehmen prozessbasierte Qualitätsvorteile verschaffen kann, müssen folgende Schritte durchgeführt werden: Sichtbarmachung der internen Qualitätsanforderungen durch Zerlegung eines Prozesses in Teilprozesse und Aktivitäten, möglichst genaue Ermittlung der Kundenanforderungen durch umfassende Marktforschung und intensive Kommunikation des Unternehmens mit seinen Kunden, Umsetzung der ermittelten Kundenbedürfnisse in konkrete Prozessanforderungen, Umsetzung der Kundenanforderungen in Produktspezifikationen, Transformation der Produktspezifikationen in Prozess-Spezifikationen.

Je früher mit Prozessverbesserungen begonnen wird, desto günstiger wirken sich diese auf die Qualität aus. Je stärker sich Produkte und Leistungen von verschiedenen Wettbewerbern angleichen, desto mehr verbleibt dem Unternehmen nur noch die Zeit als von ihm selbst beeinflussbare Optimierungsgröße, um über diesen differenzierenden Wettbewerbsfaktor noch Wettbewerbsvorteile erzielen zu können. Über die Optimierung der Prozessdauer können u.a. folgende Vorteile erzielt werden:

- Reduzierung der Ware in Arbeit,
- Reduzierung der Bestände an Roh-, Hilfs- und Betriebsstoffen,
- Qualitätserhöhung durch kürzere Regelkreise,
- schnellere Reaktion auf Kundenwünsche,
- höhere Transparenz der Abläufe,
- geringere Abwicklungskosten,
- höhere Termintreue.

Prozesskostenmanagement: es geht um die Optimierung der Kosten entlang des gesamten Prozesses (d.h. auch über alle Schnittstellen hinweg). Voraussetzung für die Kostentransparenz der Wertketten ist ein entsprechend aufgebautes Prozesskostenrechnungssystem. Dies ist somit nicht nur einfach ein anderes Kostenrechnungsverfahren (z.B. in den Gemeinkostenbereichen, um die Prozesse transparent zu machen), sondern ist in erster Linie überhaupt erst einmal „das" Basisinstrument des Managements zur erfolgreichen Prozessoptimierung.

Dabei muss das Prozesskostenmanagement eng mit dem Target Costing zusammenwirken, d.h.: durch die Marktforschung ist der Preis zu ermitteln, zu dem die Kunden bereit sind, für ein Produkt oder eine Dienstleistung zu zahlen. Anschließend wird der vom Management geplante Gewinn (= Target Margin) von diesem so ermittelten Zielpreis abgezogen. Als Ergebnis lassen sich so die vom Markt erlaubten Kosten (= allowable Costs) als Zielkosten ableiten und dann auf einzelne Prozessleistungen, wie „Kundenangebot erstellen", „Auftrag abwickeln" oder „Serviceleistung erbringen" hin aufspalten.

Ermittlung von Hauptkostensenkungsquellen von Vorgängerprodukten:

- aufwendige, vom Kunden nicht honorierte Produktfunktionen?
- zu teure Entwicklungskosten?
- zu hohe Fertigungstiefe (sind Zulieferer günstiger)?
- zu hohe Qualitätskosten (Ausschuss, Nacharbeit, Prüfkosten)?
- zu komplexe Beschaffungs-, Fertigungsplanungs-, Fertigungssteuerungs- und Logistikprozesse?

3.3 Strategische Erfolgsfaktoren

Erfolgreiches Führungsverhalten ist häufig gekennzeichnet durch ambitionöse Ziele und Visionen, durch eine "Philosophie des Vertrauens auf eigene Stärken". Geschäftserfolge fallen niemals aus dem Nichts eben so mal vom Himmel. Dauerhafte Geschäftserfolge stellen sich auch kaum dadurch ein, dass einfach so darauf losgearbeitet wird. Zwar gibt es kein allgemeingültiges Patentrezept für Geschäftserfolge. Trotzdem lassen sich aus der Beobachtung erfolgreicher Unternehmen, wenn man genauer hinschaut, so etwas wie immanent innewohnende Gesetzmäßigkeiten herleiten, die in ihrer logische Konsequenz immer wieder auf die eigentlichen Ursachen für Geschäftserfolge hinweisen.

Eine Verneinung von Erfolgsgesetzen würde ja automatisch bedeuten, dass alle Erfolge immer nur auf purem Zufall beruhen würden. Und wozu wäre sonst die vielgerühmte Managementerfahrung gut, wenn aus ihr nicht auch Regeln des Erfolgs abgeleitet werden könnten. Ein wirklicher Erfolgsfaktor muss allerdings auch den Nachweis erbringen, dass er den Erfolg begünstigt oder andersherum, dass ein Nichtbefolgen der Erfolgsfaktor-Empfehlung die Erfolgswahrscheinlichkeit vermindert.

Es kommt darauf an, die für den Erfolg wirksamen Stellhebel zu identifizieren und falls notwendig umzulegen. Das Projekt-Unternehmen muss alles daransetzen, diese Erfolgs-Stellhebel geschickter als die Wettbewerber zu nutzen, u.a. durch Erreichen einer besseren Marktposition, das richtige Produkt- und Leistungsportfolio. Darüber hinaus sollte die Wertschöpfungsstrategie intelligent auf Positionierung und Portfolio abgestimmt werden, d.h. das Projekt-Unternehmen muss sich verstärkt als Problemlöser für seine Kunden positionieren, d.h. als "Trendscout" mit ausgeklügelten Analysemethoden auch künftige Kundenwünsche identifizieren. Das hierbei generierte Wissen fließt sowohl in aktuelle Produkte/Dienstleistungen als auch in die mittelfristige Angebotsplanung. Als weitere Erfolgs-Stellhebel wird eine konsequente Innovationsstrategie (verstärkte Nutzung neuer Techniken) sowie Wertschöpfungsstrategie verfolgt, um Aufträge schnell, flexibel und termingerecht erfüllen zu können.

Das Geschäftsumfeld beschreibt u.a. Wettbewerber, technologische/politische Rahmenbedingungen, soziales Umfeld sowie die einzubeziehende Wirtschafts- und Konjunkturlage. Mit Blick auf Möglichkeiten und Risiken im Geschäftsumfeld stellt sich für das Projekt-Unternehmen somit die Frage, wie es sich entsprechend seinem Intellektuellen Kapital positionieren will (z.B. Konzentration auf wertschöpfende Kernprozesse mit dem größten Kundennutzen).

Solche Kernprozesse bilden die Wurzel der Wettbewerbsfähigkeit: darauf aufbauend können Kernleistungen entwickelt werden, die wiederum die Basis für die Wettbewerbsstärke in bestimmten Geschäftsfeldern sind. Für das Projekt-Unternehmen kommt es darauf an, seine Kernkompetenzen nicht nur zu analysieren und zu beschreiben, sondern aus diesen Ergebnissen auch Konsequenzen für das konkrete Geschäft zu ziehen. D.h. die Umsetzung des Geschäftsmodells muss nicht nur auf der strategischen, sondern auch auf der operativen Ebene gesichert werden. Der Geschäftserfolg hängt stärker denn je von der Fähigkeit ab, sich mit dynamischen Geschäftsprozessen schnell und flexibel auf neue Anforderungen aufgrund eines sich ändernden Geschäftsumfeldes reagieren zu können.

Wenn das Projekt-Unternehmen Erfolg haben will, muss es seinen Markt richtig einschätzen können und auch die Stärken und Schwächen seiner Konkurrenten kennen, die Eindrücke und Meinungen potentieller Kunden, die sozialen und politischen Entwicklungen im Lande. Denn das Projekt-Unternehmen muss die Bedürfnisse seiner Kunden befriedigen und kann nicht nur einfach Produkte herstellen. D.h. es ist unabdingbar, dass das Projekt-Unternehmen sein Umfeld nicht nur genau beobachtet sondern auch versteht (das Umfeld fährt mit auf dem Karussell des Wandels).

D.h. das Projekt-Unternehmen kann sich nur über eine ständige und kreative Umfeldbeobachtung richtig im Markt positionieren. Sein Augenmerk muss es dabei insbesondere auf qualitative Aspekte legen (quantitative Analyse und Studien gibt es im Überfluss). Erst durch eine derartige Marktüberwachung erlangt das Projekt-Unternehmen das Wissen darüber, wie empfänglich die Kunden für Veränderungen und Neues sind und welche mentalen Hindernisse ggf. erst noch überwunden werden müssen, man entwickelt ein besseres Gespür für Erwartungen der Kunden, deren Kenntnisstand und Informationsbedarf.

4 Cluster Strategische Prozessfaktoren

4.1 Prozessfaktor GP-1: Leitbild und Unternehmensstrategie

Erfolgreiche Unternehmen haben ein mitreißendes Leitbild, das ihren Platz und ihre Identität in der Zukunft zeigt. Denn erst die Begeisterungsfähigkeit der Mitarbeiter, ihre Leidenschaft für die Produkte, ihr Engagement für das Unternehmen sind die wirklichen Erfolgsgrundlagen.

Das Leitbild enthält Aussagen zum Unternehmenszweck, zentralen Werten, Aktivitätsfeldern und Zielen des Unternehmens. Unterstützt werden soll dadurch u.a. ein kollektiv koordiniertes Handeln (für die Mitarbeiter eine Art Kompass, der ihr Verhalten koordiniert). Darüber hinaus dient das Leitbild auch als Kommunikationsinstrument nach außen und soll gegenüber externen Gruppen (z.B. Kunden, Geschäftspartnern) verdeutlichen, warum eben dieses Unternehmen attraktiv ist.

Strategien haben immer die Planung der Zukunft zum Inhalt, müssen gleichzeitig aber auch sowohl Stabilität als auch Wandlungsfähigkeit des Projekt-Unternehmens absichern. Die Vision beschreibt langfristige Ziele und ist Grundlage für tragfähige Strategien (z.B. Marktführer in einem Produktsegment, Qualitäts-, Kostenführerschaft u.a.).

Die Strategie beschreibt zukünftige Aktionen, beispielsweise:
- Geschäftsstrategie (z.B. Ausbau Angebotsbreite, Ausbau Leistungstiefe)
- Wissensstrategie (z.B. Führungskompetenz einsetzen, Innovationskompetenz weiter ausbauen).

Im Mittelpunkt stehen Markt- und Wettbewerbsstrategien. Es geht darum:
- Ertragspotenziale zu erkennen. Vor allem Leitbild und Unternehmensstrategie sind für die Erreichung angestrebter Marktstellungen ausschlaggebend. Eine gelebte Unternehmenskultur muss agile und flexible Strukturen zulassen, die Optimierung von Innovationsprozessen und Generierung neuer Produkte bis zur erfolgreichen gewinnbringenden Markteinführung unterstützen. Die gelebte Unternehmenskultur (Leitbild) prägt die Fähigkeit und Bereitschaft der Mitarbeiter, sich proaktiv zu beteiligen, neue Ideen zu entwickeln und umzusetzen.
- Unternehmenswachstum zu sichern.

Strategisches Denken ist gesamthaftes, zielorientiertes und langfristiges Denken. Strategisches Denken bezieht sich auf
- unterschiedliche Ausgangssituationen
- unterschiedliche Ziele.

D.h.: Strategisches Denken ist Denken in Alternativen mit jeweiligem Berechnen der Folgen. Im Gegensatz zur operativen Planung (Produktions-, Finanz-, Kosten-, Personal-, Verkaufs-, Werbeplan) beschäftigt sich strategische Planung mit Märkten, Produkten und Mitteleinsatz.

Eine gute Strategie und ihre konsequente Umsetzung sind Voraussetzung für den langfristigen Erfolg des Projekt-Unternehmens. Die geeignete Strategie und das hieraus abgeleitete Geschäftsmodell sind abhängig von der Wettbewerbsumgebung, d.h.: nur wenn die Strategie für die jeweiligen Marktbedingungen geeignet ist, wird sie für das Projekt-Unternehmen auch zum Erfolg führen. Die Wahl der besten Strategie muss vor dem Design der Prozesse erfolgen: nur dann können Struktur und Prozesse auch zielgerichtet aufgebaut werden.

4.2 Prozessfaktor GP-2: Management of Change

Innovation = "Neuerung" beschreibt die Umsetzung von neuen Ideen in Produkte, Dienstleistungen, Service, Prozesse, Strukturen oder Verhaltensweisen:

1. Produktinnovationen = Einführung neuer oder signifikant verbesserter Produkte (z.B. hinsichtlich technischer Spezifikationen, Komponenten, Materialien, Nutzerfreundlichkeit)
2. Technische Prozessinnovationen = neue Fertigungsverfahren, durch die eine Produktion kostengünstiger, qualitativ besser, sicherer, schneller erfolgen kann
3. Organisatorische Innovationen = verbesserte strukturelle Ausgestaltung (z.B. Abbau von Hierarchieebenen, Reduzierung von Schnittstellen u.a.)
4. Dienstleistungsinnovationen = Ergänzung der Produktebene durch beispielsweise Wartung, Reparatur, Schulung, Finanzierungsangebote u.a.).

Innovation ist die erfolgreiche Durchsetzung einer technischen oder organisatorischen Neuerung, d.h. nicht allein ihre Erfindung. Innovative Waren und Services sind eine Voraussetzung dafür, sich im internationalen Wettbewerb behaupten zu können. Es geht um noch mehr Kreativität und die Mobilisierung aller Rezeptoren für das

Neue. Ob aus einer guten Idee ein marktreifes Produkt wird, entscheidet sich allein im Unternehmen selbst: ein Innovationserfolg entsteht erst dann, wenn der geniale Gedanke auch auf systematische Prozesse der Umsetzung stößt.

Anpassungen: sind kleinere Minimalerneuerungen, bei denen ein Teilaspekt verändert wird, der aber weder das Produkt noch den Markt grundlegend verändert. Erneuerungs-Innovationen: bedeuten entscheidende Veränderungen, die das Produkt oder den Service in zahlreichen Merkmalen verbessern und zu entscheidenden Wettbewerbsvorteilen führen.

Durchbruchs-Innovationen: verändern grundlegend den Markt und schaffen völlig neue Märkte. Teilweise werden völlig neue Denkdimensionen eröffnet.

Innovation ist ein starker Hebel für Wachstum und Wertsteigerung, dies aber nicht unbedingt zwangsläufig: auch wenn Neues angestoßen wird, können Innovationserfolge ausbleiben bzw. Innovationserfolge schlagen sich nicht im Unternehmensergebnis nieder. Beispielsweise werden technologische Raffinessen vom Kunden nicht immer im gleichen Maß als neu oder gar nützlich empfunden. D.h. im Zusammenhang mit Innovationen muss das Unternehmen immer entlang von zwei Achsen gleichzeitig denken: technologieorientiert und gleichzeitig kundenorientiert. Darüber hinaus wird bei einem immer höheren Entwicklungsstand von Produkten das Verhältnis von Einsatz zu Ergebnis bei Produktinnovationen oft ungünstiger, Serviceinnovationen eröffnen demgegenüber meist bessere Chancen.

Auf Dauer sind Innovationen das einzige Mittel, um sich erfolgreich im Wettbewerb behaupten zu können. Dabei ist Innovation in erster Linie eine Frage der Kreativität und weniger eine Sache des Geldes. Innovationsfähigkeit braucht Wissen, das als erfolgskritisches Intellektuelles Kapital aber erst einmal identifiziert werden muss, um es innovationsfördernd einsetzen zu können.

Innovationspotenziale eröffnen sich durch kollektive, kooperative Möglichkeiten der Wissensbasis. D.h. im Rahmen der Innovationsprozesse müssen isolierte Wissensressourcen zu einem Geflecht von Fähigkeiten verbunden werden. Um die Produkte und Services richtig auszurichten, muss kontinuierlich Marktforschung betrieben werden. Und wer erfolgreich aus dem Endkampf in reifen Märkten ausbrechen will, sollte den Weg über eine Geschäftsmodellinnovation prüfen, d.h. neues Spiel mit anderen Regeln.

Marktforschung: es geht darum, innovative Ideen zu generieren und diese auf Bedarfserfüllung und Vermarktbarkeit zu testen. Marktforschung muss daran mitwirken, das Produkt oder den Service von der Produktidee zur endkundengerechten Produktionsreife zu bringen. Erfolgreiche Produkte werden heute zwar immer schneller kopiert und Geschäftsprozesse austauschbar gemacht. Was aber nicht kopierbar ist, ist die Innovationskultur, die der Nährboden für immer wieder erfolgreiche Geschäftsmodelle ist. Die Innovationskultur im Unternehmen ist somit einer der wichtigsten Differenzierungsfaktoren im Wettbewerb. Sie wirkt wie ein starker Magnet, wenn es darum geht, die besten Köpfe zu gewinnen und High Potentials auszuschöpfen.

Um den Strukturwandel zu meistern und auch morgen noch erfolgreich zu sein wird es immer öfter notwendig, sich möglichst frühzeitig nach neuen Wegen umzuschauen. Unabhängig, ob das Unternehmen nun groß oder klein ist, sollte es das kreative Potenzial auf die Marktanforderungen lenken, die von seinen Zielgruppen, sich ändernden Technologien u.ä. ausgehen. Doch neue Ideen sind teuer: bis sie kommerziell zu nutzen sind, verstreichen oft Jahre, ebenso bis zur Amortisation. Hinzu kommt, dass es keine Garantie für wirtschaftlichen Erfolg gibt. Nur ca. 2,5 % aller neuen Ideen, ca. 15 % aller Entwicklungsprojekte setzen sich später auch im Markt durch.

Die zentralen Arbeitsschritte bei der Produktfindung: Problemdefinition, Informationsbeschaffung, Kreativitätstechniken, Ideensammlung, Wertanalyse, Ideenauswertung, Absicherung von Produktideen, Markteinführung. Innovation entsteht nicht einfach aus dem Nichts. Obwohl es heute eine Vielzahl von Instrumenten und Methoden zur Innovationsproduktion verfügbar sind gilt, dass deren steigender Anzahl und Vielfalt keine dementsprechend steigende Innovationsrate gegenüber steht. Schlussfolgerung: eine Garantie für den sicheren Innovationserfolg gibt es nicht, im Mittelpunkt aller Erfolgschancen steht nach wie vor die individuelle Kreativität.

4.3 Prozessfaktor GP-3: Customer Relationship Management

Relationship Marketing - Kunden binden statt finden: Offensive Strategien zur Gewinnung von Neukunden sind teuer, Defensivstrategien zur Bindung treuer Käufer versprechen bei gleichem Mitteleinsatz mehr an Wirkungen. Bis zu 70 % Umsatz setzen sich oftmals aus Wiederholungskäufen zusammen. D.h. Kundenbindung geht vor Kundenfindung: in Form konsequenter Stammkundenbindung, Verbesserung der Service-Qualität, Aufbau von Wechselbarrieren, Einführung von Kunden-Feedback-Systemen.

Es kostet etwa fünf- bis zehnmal soviel, einen neuen Kunden zu gewinnen als einen alten Kunden dauerhaft an sich zu binden. Statistisch gesehen kann jede ernsthafte Störung der Kundenbeziehung zum Verlust von 3-15 weiteren potenziellen Käufern führen. Fazit: Stabile Kundenbindungen sind eine Barriere und der beste Schutz gegen das Vordringen agressiver Konkurrenten.

Kunden, die über längere Zeit nicht mehr aktiv waren oder die bestehende Vertragsverhältnisse gekündigt haben, stellen nach wie vor ein interessantes Potenzial dar: Reaktivieren inaktiv gewordener Kunden ist wesentlich kostengünstiger als das Gewinnen neuer Kunden. Mit Hilfe von Data Mining Verfahren können aus den Inaktivbeständen diejenigen Kunden ermittelt werden, die in ihrem Profil dem der guten, aktiven Kunden am besten entsprechen. Ein weiterer positiver, empirisch nachweisbarer, nahezu linearer Zusammenhang besteht zwischen der Bindung und der Referenzbereitschaft von Kunden. Von den Champions (Marktführern) kann man lernen: die größte Stärke eines Unternehmens sind die Beziehungen zu seinen Kunden.

4.4 Prozessfaktor GP-4: Marketingcontrolling

Zur Prozessgruppe Market gehören die Geschäftsprozesse Marketing (d.h. Marketing planen und steuern, Marktforschung betreiben, Mitwirken an der Produktentwicklung, Vermarktungskonzepte erstellen, Mitwirken an der Produkteinführung, Sortimente und Produkte pflegen, Produkte ausphasen).

Marketingprozess: Erstellung der jährlichen und mittelfristigen Marketingplanung. Unterjährig werden insbesondere Produktvermarktungen, Aktionen und Werbekampagnen inhaltlich und finanziell geprüft sowie an geänderten Absatz- und Ergebnis-Forecasts neu ausgerichtet. Es muss geplant werden, zu welchen Preisen und Konditionen angeboten wird und welche Werbemedien in welchem Mix eingesetzt werden. Marketing muss sich ständig ändernden Marktbedingungen (z.B. Veränderungen der lokalen/globalen wirtschaftlichen Rahmenbedingungen, soziodemographische Veränderungen) stellen und sich mit Herausforderungen wie beispielsweise komplexe Sortimente, kürzere Produktzyklen, Gewinn, Informationsverfügbarkeit, Differenzierung befassen.

5. Cluster Strategische Erfolgsfaktoren

5.1 Erfolgsfaktor GE-1: Image und Bekanntheitsgrad

Kaufentscheidungen werden entscheidend auch durch nichtmonetäre Faktoren beeinflusst. Hierbei ist der Begriff "Image" nur schwer fassbar: es handelt sich um die Gesamtheit dauerhafter Wahrnehmungen, Meinungen und Erwartungen von Kunden, Investoren und Mitarbeitern des Unternehmens. Auch wenn das Image einen erheblichen Vermögenswert darstellt und sich dieser Sachverhalt der Quantifizierbarkeit in der Unternehmensbilanz entzieht, lässt er sich im Rahmen der hier vorgestellten Wissensbilanzierung konkret Darstellen (bewerten, messen, vergleichen). Image ist in wirtschaftlicher Hinsicht vor allem dann von Interesse, wenn Transaktionen der Gegenwart und Verbindlichkeiten der Zukunft von Faktoren beeinflusst werden, die über eine rein monetäre Dimension hinausreichen.

Da vom Image wichtige Informationssignale an den Markt gehen, ist das Image immer auch eng mit dem Kern der Geschäftstätigkeit verknüpft. Es ist sicher, dass sich ein herausragender Ruf letztlich bezahlt macht, ein schlechtes Image das Unternehmen dagegen an den Rand des Abgrunds (und darüber hinaus) führen kann. Insbesondere im Licht eines zunehmend volatileren Geschäftsumfeldes wird der Image-Vermögenswert daher zu einem der kritischen Erfolgsfaktoren.

Werbung hat die Aufgabe, Bekanntheit und Ansehen für das Projekt-Unternehmen und seine Produkte/Dienstleistungen zu schaffen und zu erhalten. Beides braucht Zeit: man muss also auch Wert auf eine Kontinuität der Maßnahmen legen und ständige ändernde Gestaltungsstile vermeiden. Das verwirrt die Zielgruppen unnötig und das Projekt-Unternehmen verliert an Profil. Das Projekt-Unternehmen muss eine klare Vorstellung von seinem Zielpublikum haben. Als nützlicher Orientierungshilfe kann folgende Kommunikationsformel verwendet werden: Wer (Unternehmen) sagt was (Botschaft) und wie (Form) über welchen Kanal (Medien, Mitarbeiter, Werbeträger) zu wem (Zielgruppe) mit welcher Wirkung (Kommunikationserfolg) gelangt. Die Kommunikations-Konzeption legt fest, welche Zielgruppen mit welchen Zielen, Ideen und Aussagen angesprochen werden und wie diese inhaltlich und formal auszugestalten sind. Die Media-Strategie bestimmt, mit welchen Medien (Fernsehen, Funk, Zeitschriften, Tageszeitungen, Fachblätter) die Zielgruppen am wirkungsvollsten und wirtschaftlichsten erreicht werden können.

5.2 Erfolgsfaktor GE-2: Marktattraktivität - Marktposition

Anlässe zum Einsatz der Konkurrenzanalyse sind unternehmenspolitische Entscheidungen mit bedeutendem Einfluss auf die Wettbewerbsfähigkeit des Unternehmens wie beispielsweise: größere Rationalisierungsinvestitionen, Akquisition eines Unternehmens, Erschließung eines neuen Exportmarktes, Entwicklung eines neuen Produkts, Veränderung der Organisationsstruktur, Veränderung des Planungs- und Informationssystems. Die Vorgehensweise wird nach folgenden Fragestellungen strukturiert:

- Welche „Wettbewerber-Typen" (z.B. Angreifer, Herausforderer, Verteidiger, Anpasser) sind im Markt aktiv?
- Welche Ziele und Strategien (z.B. Kostenführerschaft, Differenzierung, Konzentration) verfolgen die Wettbewerber?
- Welche Reaktionen sind seitens der Wettbewerber auf eigene Strategien zu erwarten, wo liegen die möglichen Schwellenwerte und Reizpunkte für Wettbewerbsaktivitäten?
- Welche Ressourcen und unausgeschöpften Potenziale könnten von Wettbewerbern mobilisiert werden?
- Welchen Stellenwert hat das Geschäftsvolumen der einzelnen Produkt-Markt-Kombinationen für den Wettbewerber und welche Austrittsbarrieren des Wettbewerbers sind damit verbunden?

Die strategische Konkurrenzanalyse liefert damit eine wirkungsvolle Basis zur Überprüfung, Anpassung und Weiterentwicklung der Strategie für das Unternehmen. Jede Aktion des Wettbewerbs benötigt Zeit, um wirksam zu werden. Durch die Konkurrenzbeobachtung kann deshalb eine Zunahme der Aktionsmöglichkeiten, eine Vergrößerung der Aktionsspielräume oder eine Verminderung des Entscheidungsrisikos erreicht werden. Entwicklungen werden dadurch plastischer, längerfristig vorhersehbar und planbar. Eine Umsetzung in eigene strategische Verhaltensweisen wird dadurch erst hinreichend ermöglicht.

Typen von Wettbewerbsstrategien sind beispielsweise:

- Umfassende Kostenführerschaft (niedrige Preise, günstige Kostenposition, Erfahrungskurve, „on size fits all", schnelles Wachstum),
- Differenzierung (hohe Preise, Produktinnovation, „value added", nur ein Produkt für jeden, „Nobody does it better"),
- Konzentration auf Schwerpunkte (spezifische Kunden, spezifisches Marktsegment).

5.3 Erfolgsfaktor GE-3: Entwicklungspotentiale-Benchmarking

Die Ermittlung von Potenzialen besteht aus der Gegenüberstellung des eigenen Wertes (Ist-Wert) mit einem Referenzwert (Benchmark). Dies bedeutet für das Projekt-Unternehmen (zumindest rein rechnerisch) ggf. ein auszuschöpfendes Potenzial. Es soll ein Werkzeug zur Messung der Performance sowie zur Unterstützung von Best-Practice-Verfahren entwickelt werden:

- Es sollen Leistungsabweichungen zu anderen Unternehmen identifiziert werden.

- Es sollen Praktiken entdeckt und verstanden werden, die bessere Leistungen ermöglichen.

Durch Entdeckung von bereits bestehenden, besseren Lösungswegen soll das Aufbrechen ineffizienter, verkrusteter Strukturen unterstützt werden. Benchmarking-Werte und Best-Practice-Vorgehensweisen liefern wichtige Restrukturierungs-Impulse. Benchmarks dienen als Ziel- und Orientierungsgrößen zur Positionierung und Richtungsbestimmung des Projekt-Unternehmens. Im Gegensatz zu anderen Verfahren ist Benchmarking eine sehr wirtschaftliche Methode, um realistische Potenziale und Optimierungsideen zu generieren.

Benchmarking-Vorteile: Ermöglichen eine Standortbestimmung der eigenen Leistungen im Vergleich zu anderen, Entwicklungspotenziale können im Vergleich mit anderen gezielt aufgespürt werden, der Blick über den Tellerrand beugt Betriebsblindheit vor, bereits anderswo erfolgreich umgesetzte Prozesse verkürzen die Umsetzung und geben Sicherheit, die für Benchmarking entwickelten Instrumente können für eigenes Controlling genutzt werden. Es geht darum, den stetigen Wandel im Umfeld dauern im Auge zu behalten und Veränderungen dann wahrzunehmen, wenn sie eintreten. Es geht darum, Verhaltensweisen, Meinungen u.a. von Kunden zu beobachten und die für das Projekt-Unternehmen geeigneten Kunden zu finden (d.h. nicht irgendwelche, sondern die wirtschaftlichsten).

5.4 Erfolgsfaktor GE-4: Leistungsqualität

Qualitätsmaßnahmen setzen an

- an der Bereitstellung der entsprechenden Potentiale und der Sicherstellung der Qualität in den Unternehmensprozessen
- an den Kundenwünschen.

Wichtig für die Festlegung von Qualitätsniveaus ist die Unterscheidung zwischen Kern- und Zusatzleistungen. Beispielsweise bietet eine gute Kundenbetreuung die Möglichkeit, damit gleichzeitig auch die Qualität der Kernleistung zu erhöhen. Die Qualitätsplanung beinhaltet die Festlegung von Qualitätszielen und –merkmalen:

- Qualitätslenkung : Prozessüberwachung und Beseitigung von Qualitätsmängeln.
- Qualitätssicherung: Schaffung von Vertrauen, dass die Leistungen den Qualitätsanforderungen entsprechen.

6. Cluster Strategische Humanfaktoren

6.1 Humanfaktor HK-1: Unternehmerische Kompetenz

Die unternehmerischen Anforderungen unterliegen einem Wandel: waren früher exzellente Fachleute (z.B. Ingenieure, Techniker, Kaufleute u.a.) gefragt, so stehen heute verstärkt Führungsfähigkeiten, Sozialkompetenz und interdisziplinäres Denken im Vordergrund.

- Führungswissen: Führung und Koordination von Teams aus qualifizierten Mitarbeitern. Bereitschaft, in einem Team integrations- und konsensfähig zu sein.
- Strategiewissen: Kreativität und Visionskraft, strategisches Denkvermögen. Fähigkeit, bereichsübergreifend und in vernetzten Gesamtzusammenhängen zu denken.
- Informationswissen: Analytisches Denkvermögen. Fähigkeit, aus Informationen wichtige Kennzahlen herauszufiltern und für Entscheidungsfinder aufzubereiten.
- Organisationswissen: Kenntnis und Erfahrung der Einsatzmöglichkeiten moderner Organisationsverfahren und Informationstechnologien.

Vorgesetzte sind meist Mischtypen.

Zur unternehmerischen Kompetenz gehört nicht nur zu wissen, was man will, sondern auch die Energie und Willensstärke, dieses Wissen in Taten umzusetzen. Der Wille zur Erreichung von Zielen ist für die Entwicklung des Projekt-Unternehmens von fundamentaler Bedeutung (Kern der Unternehmenskultur). Erst Führung und Wille zusammen sichern den Anspruch auf Geschäftserfolge durch eine zielgerichtete Ausrichtung aller Energien hierauf. Wille und Ziel stehen am Anfang jeder Hochleistung.

Potentiale der Führungs-/Sozialkompetenz bezeichnen eine Reihe von Fähigkeiten und Eigenschaften, die für die Führung von Personal sowie in der Zusammenarbeit mit Kollegen wichtig sind, u.a.: Überzeugungskraft, Willensstärke, Zielstrebigkeit, Eigeninitiative, Dynamik, Einsatzbereitschaft, Teamgeist, Motivations-/Begeisterungsfähigkeit. Sowie: Fähigkeit, potentielle Probleme im voraus zu erkennen und dafür zu sorgen, dass diese nicht zu einer Gefahr des ganzen Projekt-Unternehmens werden. D.h. es geht um Wissensnutzung, also den produktiven Einsatz von Wissen zum Nutzen des Kunden. Potenziale der unternehmerischen Kompetenz sind u.a.: ganzheitliches, vernetztes Denken, wirtschaftliche Intelligenz, Marketingkenntnisse, Planungsfähigkeit, Problemlösungsfähigkeit, Verhandlungsgeschick, Ausdrucksfähigkeit, erweiterte Fachkenntnisse, Produktkenntnisse, psychologisches Gespür. Viele Sozialkompetenzen wie beispielsweise Führungsstärke werden erst im Laufe eines Berufslebens erworben (learning by doing).

Weiterhin wichtig sind: Interaktion und Kommunikation zwischen individuellen Wissensträgern, Integration individueller Fähigkeiten und Wissensbestandteile zu einem funktionalen Ganzen, Feedback-Steuerung zwischen Individuum und Gruppe, Stärkung kollektiver Leistungen in Projekt-Teams und -Arbeitsgruppen. Leitgedanke: Entwicklung weg vom einsamen Entscheider oder Tüftler zur Erkenntnis, dass Spitzenteams zu Leistungen fähig sind, welche dem Einzelnen nie möglich gewesen wären. Teamarbeit ist in der heutigen Arbeitswelt immer wichtiger geworden. Erfolgsfaktoren hierbei sind: sich abstimmen, austauschen, in Diskussionen seinen Standpunkt vertreten und auch durchsetzen können. Der heutige Geschäftsführer wird damit zum Strategen, Kommunikator, Moderator und Motivator gleichermaßen.

6.2 Humanfaktor HK-2: Aus-, Weiterbildung, Fachqualifikation

Der Arbeitsmarkt kann den Bedarf an hochqualifiziertem Fachpersonal nicht/kaum decken. Ein Unternehmen, das erfolgreich sein will, muss je nach individuellem Profil auch unterschiedliche Karrierepfade anbieten. Auch möchte nicht jeder unbedingt Managementverantwortung übernehmen. Manche möchten einfach nur an der Sache arbeiten. Die Halbwertzeit des Wissens sinkt dramatisch ab, d.h: bei immer kürzeren Innovationszyklen wird die Qualität der Mitarbeiter zum strategischen Erfolgsfaktor.

Betriebe können ihre potenziellen Stärken gezielter entwickeln, wenn sie das vorhandene Wissen und die Ideen der Mitarbeiter schneller in Wettbewerbskonzepte umsetzen. D.h. die Wettbewerbsfähigkeit eines Unternehmens hängt nicht zuletzt von der Fähigkeit der Mitarbeiter ab, wie schnell diese auf neue Entwicklungen zu reagieren in der Lage sind.

In diesem Sinne besteht die Aufgabe darin, plan- und messbare Prozesse bereitzustellen. Hierzu zählen u.a.: Steuerung und Koordination der Bildungsmaßnahmen, Ermittlung der aktuellen Bildungskosten in Relation zum Bildungsnutzen, Organisation und Konzeption unternehmensinterner Weiterbildungsmaßnahmen, Lernberatung von Mitarbeitern und deren direkten Vorgesetzten, Entwicklung von transferfördernden Maßnahmen oder Auswertung von Seminarbeurteilungen.

6.3 Humanfaktor HK-3: Mitarbeiterzufriedenheit, -motivation

Ein Differenzierungspotential hat das Unternehmen, wenn es seinen Mitarbeitern im Laufe der Zusammenarbeit ein ausgeprägtes Maß an Wertschöpfung zukommen lässt, Freiräume für Eigeninitiativen schafft/zulässt sowie organisatorische Barrieren/Fesseln - überflüssige Vorschriften, Konventionen, Arbeitsabläufe u.a. beseitigt. Durch eine Mitarbeiterbefragung können als detaillierte Bestandsaufnahme die vorhandenen Motivationspotenziale einerseits sowie die entscheidenden Leistungshemmnisse andererseits aufgezeigt werden.

Damit können auch zukünftige Qualifikationslücken rechtzeitig erkannt und geschlossen werden. Der Analyse der Zufriedenheit externer Kunden (Kundenzufriedenheit, Kundenbindung) entspricht die Analyse der Zufriedenheit interner Kunden (Arbeitszufriedenheit).

Allgemeine Fragen: Wie beurteilen Sie Ihr Unternehmen als Arbeitgeber im Vergleich zu anderen Firmen, die Sie kennen ? Alles in allem, wie zufrieden sind Sie zur Zeit insgesamt bei Ihrer Firma ? Aus Ihrer eigenen Erfahrung, sind Sie zufrieden mit der Art und Weise wie Ihre Firma Respekt für den einzelnen Mitarbeiter zeigt (Beachtung der Rechte und Wünsche jeden Mitarbeiters der Firma) und dies nicht nur, wenn es zweckdienlich oder nützlich ist ? Fragen zur Arbeit und beruflichen Anforderungen: Wie gefällt Ihnen Ihre Arbeit - die Art der Arbeit, die Sie ausführen ? Haben Sie wirklich das Gefühl, dass Sie mit Ihrer Arbeit etwas schaffen und vollbringen ? Finden Sie Erfüllung und Befriedigung in Ihrer Arbeit ?

Motivation hängt von der Stärke des Leistungsmotivs (ein Mitarbeiter ist umso nachhaltiger motiviert, je sicherer er an den Erfolg glaubt und je häufiger er die Erfahrung des Erfolgs gemacht hat), den Erfolgserwartungen und der Attraktivität der Ziele ab. Im Regelfall sind Mitarbeiter immer dann am erfolgreichsten in der Umsetzung ihrer Ziele, wenn sie sich hierbei ein angemessenes Erfolgsniveau gesetzt haben (umso realistischer die Erfolgsaussichten eingeschätzt werden können, umso mehr Erfolgserlebnisse sind realisierbar und umso stärker ist auch die Motivation).

6.4 Humanfaktor HK-4: Wissensmanagement, -bilanzierung

Wissensmanagement ist für das Projekt-Unternehmen ein Muss, da dieses in der Wissensgesellschaft seine Markt-/Wettbewerbsposition noch ausbauen will: in der informationsbasierten Arbeitswelt finden gewaltige Umstrukturierungen statt, d.h.: wenn der Wettbewerb immer weniger über Faktoren wie Kosten oder Finanzmittel gewonnen werden kann, muss nach anderen, tiefer liegenden, bisher noch ungenutzten Faktoren gesucht werden.

Während das Management klassischer Produktionsfaktoren schon sehr weit ausgeschöpft ist, wird das Management der Wissens-Rohstoffe seine Zukunft noch vor sich haben. Achtung Zeitfaktor !: Wenn bei der Nutzung von Wissen gegenüber der Konkurrenz zu viel an Zeit verloren geht, kann es vielleicht schon zu spät sein (brachliegende Wissensressourcen werden nicht in entsprechende Wettbewerbsvorteile umgesetzt). Im Geschäft des Projekt-Unternehmens ist Schnelligkeit meist gleichbedeutend mit Erfolg, d.h. es muss sein Geschäftsmodell schneller als Konkurrenten durch die Wertekette hindurch bewegen.

Daten sind eine Möglichkeit, Sachverhalte abzubilden, Informationen wiederum sind eine sinnvolle Anordnung von Daten. Daten sind zur Massenware mit abnehmendem Grenznutzen geworden. Somit muss Information nicht immer bereits schon Wissen sein: Wissen ist vielmehr erst die Anwendung und der produktive Gebrauch von Informationen. Der Großteil des Marktwertes heutiger Produkte und Dienstleistungen basiert auf deren Informationsgehalt. Wenn Informationen in naher Zukunft immer mehr systematisiert und ebenfalls zur allgemein verfügbaren Handelsware geworden sind, werden

Wachstum und Marktwert von Produkten und Dienstleistungen immer mehr aus der Wissenskomponente herrühren.

Ein Merkmal eines Wissensproduktes liegt darin, dass es immer intelligenter wird, je öfter man es anwendet. Das Projekt-Unternehmen muss deshalb seine Chancen nutzen, um Produkte mit relativ einfachen Basisnutzen zu wissensintensiven Produkten aufzuwerten (diejenigen Unternehmen, die eine Wissensplattform zu nutzen wissen, werden wertvoller und stärker sein als andere, die nur auf Informationen basieren). Dabei ermittelt das Projekt-Unternehmen, wo in der Kette der Mehrwert am größten ist, und an genau dieser Stelle die entscheidenden Wettbewerbsvorteile zu erkämpfen.

7. Cluster Strategische Strukturfaktoren

7.1 Strukturfaktor SK-1: Informationssysteme, Anwendungen

Informationstechnische Systeme sind ganz allgemein Instrumente, mit deren Hilfe die Unternehmensziele und -strategien besser, schneller und wirtschaftlicher erreicht werden können. Der Bedarf an Informationen zur Geschäftssteuerung steigt: schlechte oder fehlende Daten kosten nicht nur Nerven, Zeit und Geld, mitunter verspielen sie den nötigen Vorsprung, um im Wettbewerb bestehen zu können. Die heutigen Informations- und Kommunikationstechnologien mit ihren Werkzeugen zur Wissensgewinnung, -verarbeitung, -verteilung und -nutzung sind von entscheidender Bedeutung dafür, dass der Anteil des Wissens an der Gesamtwertschöpfung des Projekt-Unternehmens die Marke von 60 % erreicht oder sogar überschreitet.

Die sich rasant verändernden Märkte zwingen insbesondere daher auch Mittelständler zu überprüfen, ob ihre IT-Infrastruktur es ihnen ermöglicht, ihre künftigen Geschäftsziele zu erreichen, d.h.: strategische Unternehmensziele müssen in Einklang mit der IT-Infrastruktur gebracht werden, aus einem Stärken-Schwächen-Profil müssen ggf. notwendige Maßnahmen abgeleitet werden, zur Standortbestimmung seiner IT-Architektur muss das Projekt-Unternehmen seine Position auch im Benchmark-Vergleich kennen und die Geschäftsleitung muss wissen, wie effizient einzelne Geschäftsbereiche und Projekte durch existierende IT-Systeme unterstützt werden.

Weitere strategische IT-Ziele: Performancesteigerung der Informationssysteme für kürzere Entwicklungszyklen der Anwendungssysteme, Verbesserung des Wissenstandes zu Kunden und deren Verhalten, Unterstützung des Kosten- und Risikomanagements, Reduzierung der Total Cost of Ownership, Erhöhung der Datensicherheit, Informationssysteme dynamischer gestalten, Einsparungspotenziale in Infrastrukturprojekten ausschöpfen, Managementkomponenten für die Return on Investment-Planung implementieren, den IT-Service für interne und externe Kunden verbessern, das Kundengeschehen transparent machen. Die strategische IT-Planung liefert nicht nur der DV-Abteilung, sondern auch dem Controlling, der Betriebsorganisation oder dem Management Anhaltspunkte zur verbesserten Beherrschung der Geschäftsprozesse.

Die Informatik muss in die Gesamtplanung des Unternehmens integriert werden. Nur wenn man ständig die Hand am Puls der Unternehmensentwicklung hält, kann man die erforderliche IT-Unterstützung optimal anpassen und sicherstellen. Dabei gibt es keine einzig richtige Lösung, wohl aber die Erkenntnis, dass es inzwischen nicht mehr ausschließlich auf die Beherrschung der reinen Technologie, sondern vielmehr auf die bestmögliche Verknüpfung von Unternehmens- und IT-Planung ankommt.

Die Informationstechnologie ist ein grundlegendes Planungsinstrument, um die Trägheit aus bestehenden Organisationen herauszunehmen oder um vorhandene Kommunikations- und Entscheidungswege zu verändern. Die Informationstechnik ermöglicht völlig neu zu planen, wo welche Arbeit wie gemacht werden kann: statt der herkömmlichen arbeitsteiligen und rein funktionsorientierten Strukturen können mit Hilfe der Informationstechniken auch strukturelle Reorganisationsmaßnahmen in Richtung auf eine an Geschäftsprozessen orientierte Organisationsform realisiert werden.

Dabei ist Information ist nicht immer unbedingt das, was von den Computern auf den Schreibtisch der Führungskräfte gelangt. Vielmehr gilt in diesem Sinn als Information immer nur das, was diese brauchen, um handeln zu können: die aus den Datenverarbeitungssystemen gewonnenen Informationen stellen oft nur wenige Prozent des geschäftsspezifischen Wissens eines Unternehmens dar. Je effektiver Unternehmen ihre Datenbestände auswerten und je genauere Informationen sie über ihre Kunden erhalten, desto mehr Umsatz können sie generieren.

D.h. Speichern von Informationen, das durch die technischen Quantensprünge unglaubliche Dimensionen angenommen hat, sollte nicht mit ihrer Verarbeitung gleichgesetzt werden. Durch die technischen Möglichkeiten begünstigt wird auch oft ein zu hoher Detaillierungsgrad verfolgt, der die personellen Informationskapazitäten überbeansprucht und damit Lernprozesse und Kreativität hemmt. Dies führt zwangsläufig zu der Erkenntnis, dass neben dem Datenschutz eine menschlich machbare Verwertbarkeit der Datenflut gewährleistet sein muss. Denn Datenmüll, ungenaue oder inkonsistente Daten werden auch immer nur falsche Informationen liefern. Diese wiederum würden mehr oder weniger zwangsläufig falsche Entscheidungen verursachen.

Von einer Informationsverarbeitung in diesem Sinne wird deshalb besonders die Entwicklung von Filter- und Selektionsfunktionen zu erwarten sein, damit die Zunahme der Informationsschwemme nicht zu isolierter Kompliziertheit, sondern statt dessen zu entscheidungsrelevanten Informationen führt. Denn solche sind heute wichtiger denn je. D.h. es geht um nicht mehr oder weniger als die planvolle

Erstellung und Verteilung der Ressource „Information" aus der Perspektive von Entscheidungsträgern.

7.2 Strukturfaktor SK-2: Planungs- und Controlling-Toolbox

In der heutigen Wirtschaftswelt ist die Entwicklung und Analyse von Voraussagen und Plänen von vitaler Bedeutung. Sollen für Planungen über die Abteilungsebene hinaus Produkte, Vertrieb, Märkte, Länder und anderes miteinander verknüpft werden, sind hierfür geeignete Controlling-Instrumente erforderlich.

Planen heißt vorausschauen und Prognosen entwickeln: je genauer diese Prognosen sind, desto erfolgreicher werden die daraus abgeleiteten Schlüsse und damit das Geschäft sein.

Informationen alleine haben aber weder einen besonderen Wert, noch einen Zweck an sich, d.h. der Unternehmenserfolg hängt davon ab, wie effizient das Controlling diesen Rohstoff zu nutzen versteht. Hierfür muss vorher festgelegt werden, in welche Weise Informationen zu verknüpfen sind, um der jeweiligen Planungsaufgabe zu genügen. Dabei müssen auch nichtnumerische Informationen wie das übrige Zahlenmaterial zugänglich und benutzbar gemacht werden.

Das Controlling verdeutlicht damit den Wert des Produktionsfaktors Information und baut dadurch aus den im Unternehmen vorhandenen operativen Informationsressourcen eine strategisch nutzbare Entscheidungsbasis auf. Aus dieser Entwicklung folgt:

- Zukunftsorientierung: der rein vergangenheitsorientierte Umgang mit Steuerungsinformationen bietet keine ausreichende Basis für die Zukunftssicherung
- Komplexitätsreduktion: erfordert aktive Unterstützung durch Analyseprozesse
- Szenarien: die Fähigkeit, alternative Szenarien interaktiv

zu modellieren, ermöglicht die Simulation von optionalen Zukunftsstrategien

Im Rahmen eines Strategie-Checks interessiert mehr das Morgen und Übermorgen als das gestern Gewesene. Beim Strategie-Check müssen deshalb auch Instrumente für die dorthin führenden Wege bereitgestellt werden. Ursprünglich versorgte man sich dabei vorwiegend mit Zahlen aus dem Rechnungswesen, speziell solchen der Kostenrechnung. Heute müssen die Instrumente breiter, u.a. durch Einbeziehung von Risiko-, Frühwarn-, Kunden-, Konkurrenz- und Marktinformationen, eingesetzt werden. Dabei müssen die entscheidungsrelevanten Informationen über verschiedene Hierarchieebenen hinweg so verdichtet werden können, dass eine Koordination von Einzel- und Gesamtzielen des Unternehmens ermöglicht wird: die planungsrelevanten Daten müssen zu einem umfassenden Gesamtunternehmensmodell gebündelt werden. Der Strategie-Check muss die Unternehmensführung auch bei der Steuerung und Überwachung des jeweiligen unternehmerischen Zielerreichungsgrades unterstützen.

7.3 Strukturfaktor SK-3: Frühwarn- und Risikokontrollsystem

Das Projekt-Unternehmen muss Marktzyklen und -risiken gezielt managen (u.a. durch ein ausgeglichenes/ausgewogenes Kundenportfolio aus verschiedenen Abnehmerbranchen sowie durch flexible Prozesse mit der Nutzungsoption von Fremdkapazitäten in Aufschwungphasen).

Erfassung von Frühwarnsignalen: Abnahme des Marktes aufgrund Substitutionstendenzen, Zersplitterung des Marktes, Vergrößerung des Marktes aufgrund neuer Abnehmer, Globalisierung, stagnierende oder schrumpfende Mengennachfrage, abnehmende Preiselastizität, zunehmender Importdruck, verschlechterte Exportmöglichkeiten, absinkende Eintrittsbarrieren für Newcomer, steigende Marktaustrittsbarrieren aufgrund zunehmender Kapitalintensität, Trend zur Vereinheitlichung von Produkten, abnehmendes Differenzierungspotenzial, abnehmende Kundentreue bei Markenprodukten, mehr Wettbewerber und Überkapazitäten, Zunahme des Preiswettbewerbs, Konzentrationsprozesse (u.a. bei Produzenten, Handel), Nachfragekonzentration (z.b. durch Einkaufsorganisationen), Veränderung der Kundenstruktur, Wegfall von Handelsstufen, immer kleiner werdende Marktnischen werden von einer zunehmenden Zahl von Wettbewerbern besetzt.

Signale: sowohl Unternehmens- als auch Umfeldsignale auch in schwacher Form erfassen und bereitstellen. Veränderungen: Hinweis auf Veränderungen der bisherigen oder der neuen Erfolgspotentiale. Ursachen: Analyse der Zusammenhänge zwischen beobachteten Signalen und Entwicklungen. Bewertung: Beurteilung der Signale nach ihrer Bedeutung für das Unternehmen. Planung: Umsetzung der gewonnenen Erkenntnisse in Ziel- und Planprozesse.

Wahrnehmung des wahrscheinlichen Risikos: Geschäftsprozesse können heute mehr denn je von Risiken begleitet und negativ beeinflusst werden. Zweck eines systematischen Risikomanagements ist es daher, trotz vorhandener oder sogar zunehmender Risiken, das Erreichen der Unternehmensziele erfolgreich zu gestalten. Viele Risikosituationen sind auf dem besten Weg, sich mathematisch darstellen zu lassen. Es geht um die Wahrnehmung des Risikos und der Wahrscheinlichkeiten. Eine Risikosituation ist an ein Möglichkeitsspektrum gebunden, das von einer Wahrscheinlichkeit bestimmt ist, die sich auf Ereignisse bezieht, deren Eintritt einen Verlust bzw. Kosten oder einen Gewinn bzw. Einnahmen bedingt.

Einzelne Risikosituationen unterscheiden sich u.a. dadurch, ob sie kontrollierbar sind oder nicht. Management bedeutet daher bis zu einem gewissen Grade gleichzeitig immer auch Risikomanagement. Nicht zuletzt auch deshalb, weil mit Erhöhung des Risikos nicht immer automatisch auch eine Erhöhung der Chancen verbunden sein muss. Da das Umfeld, in dem Unternehmen agieren, immer komplexer wird, müssen Marktentwicklungen, Trends und Risiken immer früher erkannt werden. Für das Analysieren und Treffen von Entscheidungen bleibt immer weniger Zeit.

7.4 Strukturfaktor SK-4: Standortfaktoren

Eine Investitionsentscheidung für einen falschen Standort kann existenzvernichtend sein: die Standortwahl des Unternehmens zählt deshalb zu den wichtigsten Entscheidungen. Diese ist aufgrund ihres langfristigen Charakters nur schwer revidierbar.

(Vgl Jörg Becker: Non Financial Standortbilanzen, Verlag Books on Demand, 2008,
Vgl. Jörg Becker: Die Vermessung der Standorte, Verlag Books on Demand, 2008).

Durch Baupreise, Grundstückspreise etc. hat der Standort direkten Einfluss sowohl auf die Investitionskosten als auch auf Kostenfaktoren wie Transportkosten, Löhne, Abgaben u.ä. Darüber hat der Standort Einfluss auch auf die Erlössituation (Standortfaktoren Kaufkraft, Bevölkerungsstruktur, Konkurrenz u.ä.).

Zu den erfolgswirksamen Standortfaktoren zählen: Fernstraßenanbindung, Schienenanbindung, Luftverkehrsanbindung, Wasserstraßen-Anbindung, öffentlicher Nahverkehr, kommunale Verkehrsinfrastruktur, Entfernung zu Konkurrenzfirmen, Konkurrenzsituation, Nähe zu Kooperationspartnern, Nähe zu Zulieferbetrieben, Nähe zu Dienstleistungen, Nähe zu Absatzmärkten, Nähe zu Beschaffungsmärkten, Steuern-Tarife-Abgaben, Potential qualifizierter Arbeitskräfte, Pendlerquote, Lohn- und Gehaltsniveau, Teilzeitkräftepotential, Struktur der Bevölkerung, Anlernkräftepotential, Facharbeiterpotential, verfügbarer Wohnraum, Mietniveau, Immobilienpreise, verfügbare Industrieflächen, verfügbare Büroflächen, Preise Industrieflächen, Preise Büroflächen, Nähe zu Universität, Nähe zu Fachhochschulen, Forschungseinrichtungen, Beratungs- und Informationseinrichtungen, soziale Einrichtungen, Weiterbildungseinrichtungen, Wirtschaftsförderung, Dauer und Aufwand von Genehmigungsverfahren, Zugang zu Bank-/ Finanzdienstleistungen, Zugang zu Förderleistungen, Zugang zu Risikokapital u.a.

Die Standortsuche eines Unternehmens ist nichts anderes als der bestmögliche Abgleich der Unternehmensanforderungen mit den Standortbedingungen. Erschwert wird dieser Prozess durch die große Zahl der potentiellen Standorte, die Vielzahl und große Breite der Standortbedingungen und die Vielfalt und besonderen Ausprägungsbedürfnisse der Standortanforderungen. Fragen:

- Wurde eine Rangfolge der Standortfaktoren aufgestellt?
- Wurden die einzelnen Standortfaktoren mit ihren jeweiligen Determinanten gewichtet und in eine Punktebewertung einbezogen?
- Wurde ein System der Standortanforderungen aufgestellt?
- Wurden zu untersuchende Standortalternativen definiert?
- Ist eine Beurteilung von möglichen Standortalternativen hinsichtlich der Standortfaktoren erfolgt?
- Ist ein Vergleich der möglichen Standortanforderungen mit den Standortbedingungen ausgesuchter möglicher Standorte durch Punktebewertungsmodell, Nutzwertanalyse oder Profilmethode durchgeführt worden?

8. Cluster Strategische Beziehungsfaktoren

8.1 Beziehungsfaktor BK-1: Kunden-, Lieferantenbeziehungen

Zufriedenheit ist nicht immer gleich Zufriedenheit. Zufriedenheit ist auch keine 100-Prozent-Garantie dafür, dass der Kunde in jedem Fall an der Geschäftsbeziehung festhalten wird: es kommt immer häufiger vor, dass Kunden auch abwandern, obwohl sie sich zuvor in Umfragen zufrieden mit dem Unternehmen geäußert haben. In der Praxis könnte ein Unternehmen im Hinblick auf die Zufriedenheit seiner Kunden steigende Werte verbuchen und dabei gleichzeitig Marktanteile verlieren. Es kommt also darauf an, möglichst genau den Grund der Zufriedenheit wie auch der Unzufriedenheit erfassen zu können.

Kriterien für eine Messung der Kundenzufriedenheit sind beispielsweise Außendienst-Besuchshäufigkeit, Qualität der Außendienstbetreuung, Berücksichtigung Kundennutzen, Zusammenarbeit mit Innendienst, Freundlichkeit, Kommunikation mit Fachabteilungen, Erreichbarkeit, Problemlösungskompetenz, Kundendienst-Intensität, Kundendienst-Qualität, Produktinformationen, Seminarangebote, Schnelligkeit der Auftragsbearbeitung, Qualität der Auftragsbearbeitung, Lieferzeit, Liefer-Termintreue, Lieferqualität, Preis-Leistungs-Relation, Reklamationsabwicklung.

8.2 Beziehungsfaktor BK-2: Unternehmenskommunikation

Strategische Kommunikationsentscheidungen sind immer auch Entscheidungen über Ziele, Strategien und Maßnahmen von Unternehmen, die sich auf den Transfer von Informationen über das Leistungsangebot des Unternehmens bis hin zu einer bestimmten Zielgruppe im Markt beziehen. Zielsetzungen strategischer Kommunikationsplanung sind u.a.: Positionierung der Produkte in Märkten, Verteilung des Kommunikationsetats nach Gesichtspunkten des Gesamterfolges, gezielte Entwicklung der Kommunikationsmaßnahmen entsprechend der Ausgangs- und Zielposition der Produkte im Markt sowie die Abstimmung und Koordination der einzelnen Maßnahmen untereinander. Dabei erfolgt die strategische Positionierung durch das Unternehmensverständnis: beispielsweise durch Rückbesinnung auf die Gründungsidee als „Wurzelwerk der Tradition".

Zwar sollen die Menschen in den Unternehmen auch in Zukunft individuelle Leistungen erbringen, doch Kommunikation und Zusammenarbeit mit anderen werden immer wichtiger: die neue Quelle der Macht ist nicht mehr Geld in der Hand von wenigen, sondern Information in der Hand von vielen. Diese Öffnung im Zyklus der Produktion und des Konsums von Informationen erfordert neue Herangehensweisen, wie beispielsweise die Schaffung neuer Kommunikationsplattformen.

D.h. starre Zuordnungen werden aufgelöst, Arbeitsgruppen können überregional verteilt und dynamisch zusammengestellt werden. An der Grenze zwischen innen und außen haben sich aber häufig eine Vielzahl von Filtern abgesetzt, die nur einen Teil der extern verfügbaren Informationen passieren lassen. Diese notwendige und natürliche Selektion als Schutz vor Reizüberflutung und Informationsverschmutzung hat aber auch Schattenseiten: sie verhindern manchmal, dass Organisationen gewisse Realitäten nicht sehen oder wahrhaben wollen: neue Wissensfelder werden ignoriert, abgewertet oder schlicht übersehen, Wissenssuchfelder sind einseitig ausgerichtet, und bestätigen somit in selektiver Wahrnehmung nur die eigenen Meinungen und Vorurteile. Die menschliche Psyche reagiert wie ein Filter und lässt nur das in das Bewusstsein eindringen, was eine gewisse Nützlichkeit oder Werteattraktivität für den Betreffenden besitzt. Was nicht interessiert, wird auch nicht aufgenommen.

8.3 Beziehungsfaktor BK-3: Kompetenznetzwerke

Geschäftserfolge werden immer weniger von einsamen Einzelkämpfern und Tüftlern/Genies erreicht. Erfolgversprechender sind Kooperationen zwischen Individuen, die mit unterschiedlichen Erfahrungen und komplementären Denkweisen ausgestattet sind. Besonders die Einbindung externer Experten ermöglicht dem Unternehmen eine Revitalisierung seiner Innovationskraft. Erfolgreiche Unternehmen generieren fast die Hälfte ihrer Innovationen aus solchen externen

Impulsen: es geht um die Öffnung und externe Vernetzung von Innovationsprozessen, d.h. einen Trend zum unternehmens- und branchenübergreifenden Mannschaftsspiel.

Knowledge-Links: das externe Wissensumfeld mit seinen vielfältigen Informationsbeziehungen ist so zu gestalten, dass damit ein dauerhafter Zuwachs der Wissensbestände entsteht (nicht nur an Quantität, sondern auch an Qualität) sowie der Wissensbestand auch immer auf einem aktuellen Stand gehalten wird. Wenn es aber vielen Unternehmen bereits schwerfällt, eine hinreichende interne Wissenstransparenz herzustellen, so haben sie mit der Verfolgung des externen Wissensumfeldes oft noch größere Mühe.

Viele Mitarbeiter haben gar keine Verbindung zu externen Informationsquellen und -trägern oder kapitulieren vor der auf sie einstürmenden Informationsflut. Dennoch muss sichergestellt werden, dass man über wichtige Trends zeitnah informiert ist und dass wesentliche externe Wissensträger/-quellen schnell identifiziert werden können.

Um sich ein besseres Bild darüber zu machen, wo man bei der Identifizierung und Ausschöpfung der Ressource Wissen steht, wird ein systematischer Vergleich mit anderen vorgenommen. Frage: Wo gibt es große Lücken ? Ein wichtiges Hilfsmittel zur Identifikation von Wissensträgern und Wissensquellen sind Netzwerke, die gleiche Interessen verfolgen. Häufig haben sich bereits Expertennetzwerke etabliert, die sich nicht an Branchen- oder Unternehmensgrenzen orientieren. In ihnen zirkulieren wertvolle Informationen und werden weiterführende Kontakte vermittelt. Dies funktioniert nur, wenn jeder auch sein eigenes (für die anderen externes) Wissen einbringt.

Neue Technologien entstehen an Universitäten, staatlichen Forschungsinstituten usw. Es geht daher darum, Kontakte zu halten:

- auf informeller Basis
- durch gemeinsame Projekte
- durch Teilnahme an Experten-Netzwerken.

Forschungsprojekte und Joint-Ventures zwischen Wissenschaft und Wirtschaft gewinnen immer mehr an Bedeutung. Dabei muss für jede Kooperation vorab genau abgesprochen und vertraglich festgelegt werden, wer sich mit welchem finanziellen und personellen Mitteln im gemeinsamen Projekt engagiert, wem das Knowhow zusteht, wer Patente anmelden und verwerten darf u.a. In diesen Problemen sind auch die Ursachen dafür zu finden, warum gerade kleinere Unternehmen diesen mitunter erheblichen juristischen und administrativen Aufwand scheuen.

Auf Wissensmärkten besteht meist eine nur sehr geringe Markttransparenz. Die dort angebotenen/verfügbaren Informationen sind oft nur schwer miteinander zu vergleichen. Es müssen daher andere Spielregeln beachtet werden als in klassischen Beschaffungsmärkten. Identifizierung von think tanks, die ggf. wertvolle Informationen liefern können. Das Prinzip der Arbeitsteilung gilt auch für die Ressource Wissen.

8.4 Beziehungsfaktor BK-4: Logistikleistungen

Seitens der Kunden steigen die Anforderungen an Lieferleistung, Ausstattung und Qualität des Distributionssystems, d.h.: insbesondere in Käufermärkten mit hoher Transparenz (z.B. im Hinblick auf die Preisstellung), in Märkten mit flüchtigen Nachfragen und in Märkten mit kurzen Produktlebenszyklen haben Distributionsprozesse mit ihren Komponenten Lieferzeit, Lieferzuverlässigkeit, Lieferbereitschaft und Lieferflexibilität wesentlichen Anteil am Markterfolg.

Dieser misst sich insbesondere daran, was vom Kunden wahrgenommen wird (= outputorientierte Betrachtung) und weniger daran, mit welchen Leistungen er bewirkt wurde (= inputorientierte Betrachtung).

Es ist daher erforderlich, den Güterstrom des Unternehmens auch in der Distribution, auch bei starker Verästelung und über möglichst alle Stufen hinweg durch eine große Zahl von Erfassungspunkten sowie durch eine verzögerungsfreie Informationsweiterleitung zu verfolgen, kontrollier- und planbar zu machen.

Die Logistik leistet einen dauerhaften Beitrag zur Sicherstellung des Geschäftserfolges. Ausgehend von den Geschäftszielen, Kundenanforderungen und der Leistungsfähigkeit der Konkurrenz sind für das jeweilige Geschäft relevante Zielgrößen für Logistikleistungen und -kosten zu entwickeln. Das Denken und Handeln aller Beteiligten in allen Bereichen muss auch auf logistische Effizienz und Produktivität ausgerichtet werden. Im Bereich der Logistikleistungen sind die Führungsgrößen in externe kunden- bzw. marktorientierte Ziele und interne Ziele zu differenzieren. D.h. es geht nicht allein um die Optimierung der Schnittstellen zu Kunden, sondern auch um alle internen Teilstrecken der Logistikkette.

9 Wirkungsbeziehungen transparent machen

9.1 Grundsätzliche Systematik

Bei einem Strategie-Check geht es ebenso wie bei einer Wissensbilanz um das Unternehmen als Gesamteinheit. Einzelbereiche und –funktionen werden also nicht isoliert für sich, sondern aus ihrem Gesamtzusammenhang heraus betrachtet. Da keiner der Prozess-, Erfolgs-, Human-, Struktur- und Beziehungsfaktoren für sich eine Insel ist, stehen im Rahmen von Strategieüberlegungen die zwischen ihnen bestehenden Schnittstellen im Blickpunkt. Zwischen einzelen Einflussfaktoren des Unternehmens gibt es eine Vielzahl von sich teilweise überlagernden dynamischen Wirkungsbeziehungen. Anhand der nachfolgenden Grafik wird deutlich, dass bereits wenige zueinander in Beziehung gesetzte Strategiefaktoren ein mehr oder weniger unentwirrbares Knäuel von Wirkungslinien erzeugen können:

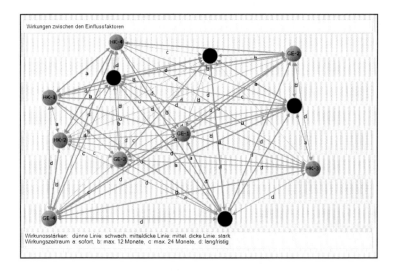

Einer der Kernpunkte des Strategie-Checks soll daher sein, sich diese Wirkungsbeziehungen vor Augen zu führen und bewusst zu machen. Da es zwischen den Faktoren rein mathematisch betrachtet eine unüberschaubar große Anzahl von Kombinationsmöglichkeiten gibt (nämlich n-Fakultät, n = Anzahl Faktoren, d.h. somit 1*2*3*4*5 usw. Möglichkeiten), kann der Gebrauch von graphischen Netzdarstellungen dabei helfen, dass hierbei der gewollte Überblick nicht gleich wieder verloren geht und für die Analyse strategischer Optionen mehr an Transparenz hergestellt werden kann.

Unabhängig von möglichen graphischen Darstellungsweisen besteht eine grundsätzliche Voraussetzung für den Strategie-Check zunächst ganz einfach darin, dass alle für das Unternehmen relevanten Einflussfaktoren vollständig identifiziert und beschrieben sind. Diese Grundlage kann und muss jedes Unternehmen für sich selbst schaffen und bereitstellen. Für das fiktive „Projekt-Unternehmen", das für die Demo-Beispiele zur Illustration der beschriebenen Konzepte angenommen werden soll, werden Einflussfaktoren verwendet, für die bereits an anderer Stelle detaillierte Bewertungsverfahren beschrieben worden sind.

(Vgl. Jörg Becker: Marketingcontrolling und Intellektuelles Kapital, Norderstedt 2008).

Somit wird auch für die Demo-Beispiele zur Analyse von Wirkungsbeziehungen angenommen, dass für das Projekt-Unternehmen folgende strategisch relevanten Faktoren identifiziert wurden:

GP-1: Leitbild und Unternehmensstrategie
GP-2: Innovationsmanagement, Management of Change
GP-3: Customer Relation Management
GP-4: Marketingcontrolling
GE-1: Image und Bekanntheitsgrad
GE-2: Marktattraktivität, Marktposition, Konkurrenz
GE-3: Entwicklungspotentiale, Umfeld- und Kundenbeobachtung
GE-4: Leistungsqualität
HK-1: Unternehmerische Kompetenz
HK-2: Aus-/Weiterbildung, Fachqualifikation
HK-3: Mitarbeiterzufriedenheit, -motivation
HK-4: Wissensmanagement, -bilanzierung
SK-1: Informationssysteme und Anwendungen
SK-2: Planungs- und Controlling-Toolbox
SK-3: Frühwarn-, Risikokontrollsystem
SK-4: Standortfaktoren
BK-1; Kunden- und Lieferantenbeziehungen, Kooperationen
BK-2: Unternehmenskommunikation
BK-3: Kompetenznetzwerke
BK-4: Logistikbeziehungen

Gesamt-Profil Quantität auf einen Blick:

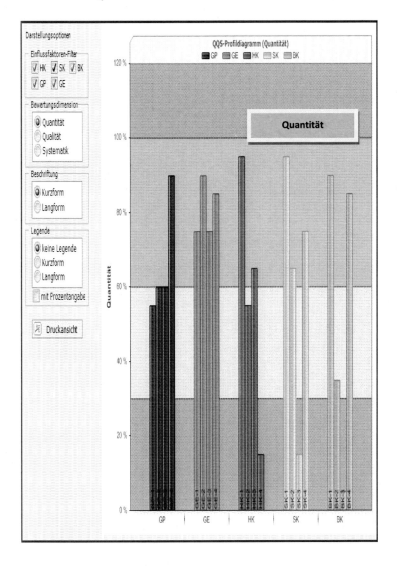

Gesamt-Profil Qualität auf einen Blick:

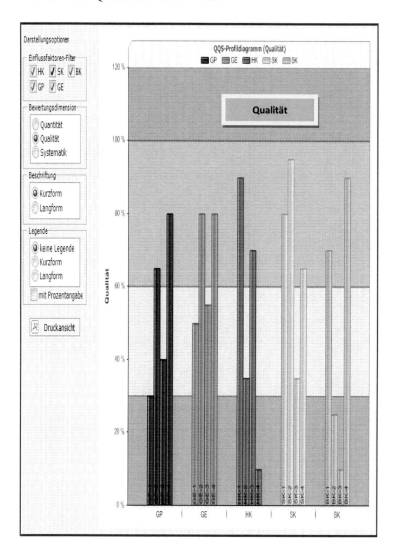

Gesamt-Profil Systematik auf einen Blick:

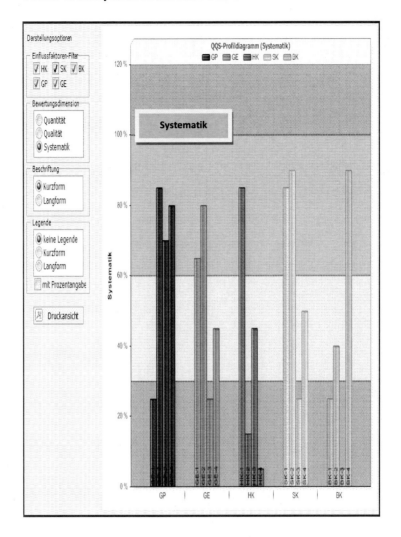

Gesamt-Portfolio Quantität auf einen Blick:

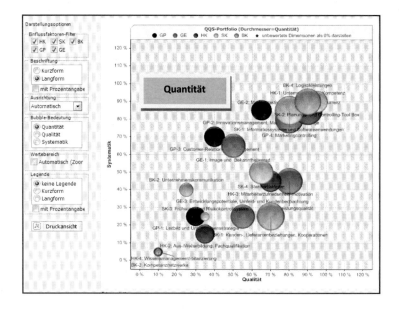

Gesamt-Portfolio Qualität auf einen Blick:

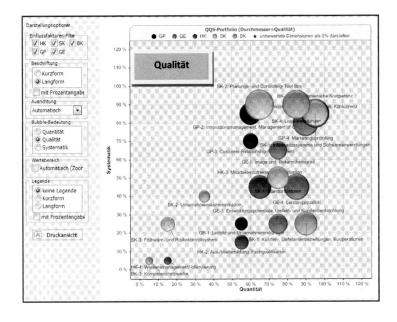

Gesamt-Portfolio Systematik auf einen Blick:

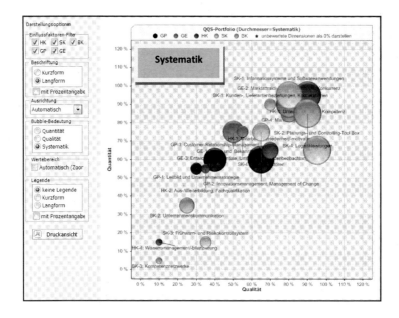

Nachdem nunmehr ein vollständiges Beispiel-Bild aller identifizierten Einflussfaktoren vorliegt, geht es im Rahmen des Strategie-Checks um folgende drei Hauptfragen:

1. *Zwischen welchen Einflussfaktoren kommt es zu Wirkungsbeziehungen?*

2. *Wie stark sind jeweils solche Wirkungsbeziehungen?*

3. *Wie lange dauert es, bis die von einem Einflussfaktor ausgehenden Wirkungen, bei dem jeweils anderen Einflussfaktor zu wirken beginnt?*

zu Frage 1.: Werden zwischen zwei Einflussfaktoren Wirkungsbeziehungen festgestellt, so können diese graphisch mittels Pfeilen angezeigt werden. Dabei zeigt der eingezeichnete Pfeil von dem die Wirkung ausübenden Faktor mit seiner Spitze in Richtung auf denjenigen Faktor, auf den diese Beziehung einwirkt:

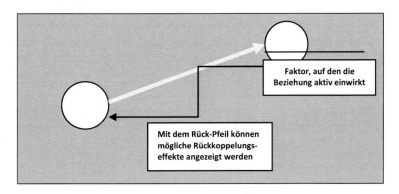

zu Frage 2.: wurden zwischen Faktoren Beziehungen festgestellt und mit Hilfe entsprechender Wirkungspfeile angezeigt, so stellt sich die Frage nach der Stärke der jeweiligen Wirkungsbeziehung. Für die

Durchführung eines Strategie-Checks sollen folgende Stärke-Niveaus unterschieden werden:

-3 = eher stark negative Wirkung
-2 = negative Wirkung
-1 = eher schwach negative Wirkung
 0 = keine Wirkung
+1= eher schwach positive Wirkung
+2= positive Wirkung
+3= eher stark positive Wirkung

In den graphischen Wirkungsnetzen der Demo-Beispiele wird die Wirkungsstärke mit Hilfe der Pfeil-Dicke angezeigt: dünner Pfeil = schwache Wirkung (positiv oder negativ), dicker Pfeil = starke Wirkung (positiv oder negativ).

zu Frage 3.: es soll zusätzlich erfasst werden, wie lange es dauert, bis die von einem Faktor ausgehende Beziehung bei dem hiervon betroffenen Gegenpart bemerkbar wird und sich die entsprechende Wirkung (schwach, mittel oder stark) zeigt. Für den Strategie-Check werden auch hierbei wiederum verschiedene Stufen angenommen, nämlich:

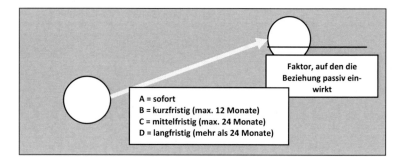

Standard-Schema für die Verknüpfung von Einflussfaktoren:

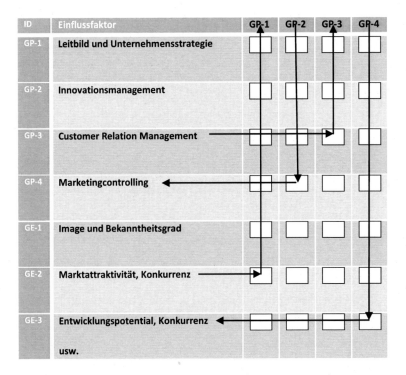

Nach diesem einheitlichen Schema sollen einige Beispiele herausgesucht und nachfolgend kurz demonstriert werden.

9.2 Wie stark und schnell wirken Prozessfaktoren

Als Demo-Beispiel soll analysiert und dargestellt werden, mit welcher Stärke und Dauer der Prozessfaktor „Leitbild und Unternehmensstrategie" auf die anderen Prozessfaktoren, nämlich „Innovationsmanagement – Management of Change", „Customer Relation Management" und „Marketingcontrolling" wirkt:

Prozessfaktor GP-1 Leitbild - Unternehmensstrategie wirkt auf:		Stärke	Dauer
GP-2	Innovationsmanagement – Management of Change	3	d
	Kommentar: Vor allem Leitbild und Unternehmensstrategie sind für die Erreichung angestrebter Marktstellungen ausschlaggebend. Eine gelebte Unternehmenskultur muss agile und flexible Strukturen zulassen, die Optimierung von Innovationsprozessen und Generierung neuer Produkte bis zur erfolgreichen gewinnbringenden Markteinführung unterstützen.		
GP-3	Customer Relation Management	3	d
	Kommentar: Stärkere Kundenbindung bedeutet für das Unternehmen gleichzeitig mehr Sicherheit. D.h. weniger Risiko, dass der Kunde beim geringsten Anlass zur Unzufriedenheit gleich zu einem anderen Lieferanten wechselt. Höhere Kundenbindung bedeutet gleichzeitig auch bessere Kenntnisse der Kundenbedürfnisse und -wünsche, daraus folgend wiederum geringere Risiken bei Produktinnovationen.		
GP-4	Marketingcontrolling	3	d
	Kommentar:		

In der Darstellungsform eines graphischen Wirkungsnetzes könnte dieses fiktive Beispiel wie folgt aussehen:

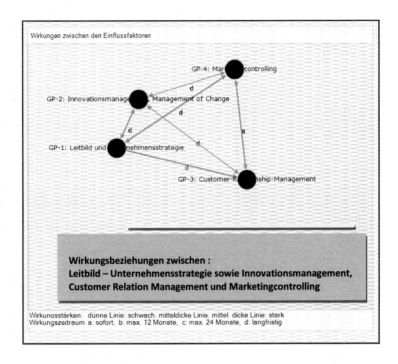

Als weiteres Demo-Beispiel soll analysiert und dargestellt werden, mit welcher Stärke und Dauer der Prozessfaktor „Leitbild und Unternehmensstrategie" auf die anderen Erfolgsfaktoren, nämlich „Image und „Bekanntheitsgrad", „Marktattraktivität - Marktposition", „Entwicklungspotential – Umfeldbeobachtung" und „Leistungsqualität" wirkt:

Prozessfaktor GP-1 Leitbild - Unternehmensstrategie wirkt auf:		Stärke	Dauer
GE-1	Image und Bekanntheitsgrad	3	d
	Kommentar: Image ist in wirtschaftlicher Hinsicht vor allem dann von Interesse, wenn Transaktionen der Gegenwart und Verbindlichkeiten der Zukunft von Faktoren beeinflusst werden, die über eine rein monetäre Dimension hinausreichen: da vom Image wichtige Informationssignale an den Markt gehen, ist das Image immer auch eng mit dem Kern der Geschäftstätigkeit verknüpft.		
GE-2	Marktattraktivität - Marktposition	3	d
	Kommentar: Typen von Wettbewerbsstrategien sind beispielsweise: Umfassende Kostenführerschaft (niedrige Preise, günstige Kostenposition, Erfahrungskurve, „on size fits all", schnelles Wachstum), Differenzierung (hohe Preise, Produktinnovation, „value added", nur ein Produkt für jeden, „Nobody does it better"), Konzentration auf Schwerpunkte (spezifische Kunden, spezifisches Marktsegment).		
GE-3	Entwicklungspotential - Umfeldbeobachtung	3	d
	Kommentar: Durch Entdeckung von bereits bestehenden, besseren Lösungswegen soll das Aufbrechen ineffizienter, verkrusteter Strukturen unterstützt werden. Benchmarking-Werte und Best-Practice-Vorgehensweisen liefern wichtige Restrukturierungs-Impulse.		
GE-4	Leistungsqualität	2	c
	Kommentar: Die Qualitätsplanung beinhaltet die Festlegung von Qualitätszielen und -merkmalen. Qualitätslenkung: Prozessüberwachung und Beseitigung von Qualitätsmängeln. Qualitätssicherung: Schaffung von Vertrauen, dass die Leistungen den Qualitätsanforderungen entsprechen.		

In der Darstellungsform eines graphischen Wirkungsnetzes könnte dieses fiktive Beispiel wie folgt aussehen:

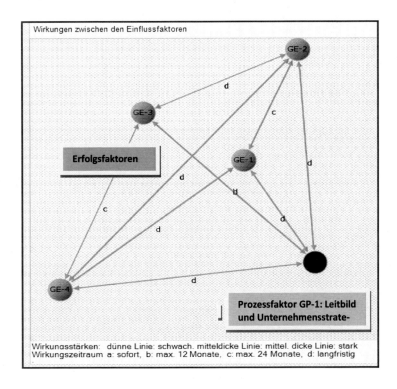

Als weiteres Demo-Beispiel soll analysiert und dargestellt werden, mit welcher Stärke und Dauer der Prozessfaktor „Leitbild und Unternehmensstrategie" auf die anderen Humanfaktoren, nämlich „Unternehmerische Kompetenz", „Ausbildung, Fachqualifikation", „Mitarbeiterzufriedenheit, -motivation" und „Wissensmanagement, Wissensbilanzierung" wirkt:

Prozessfaktor GP-1 Leitbild - Unternehmensstrategie wirkt auf:	Stärke	Dauer
HK-1 Unternehmerische Kompetenz	3	d

> Kommentar:
> Zur unternehmerischen Kompetenz gehört nicht nur zu wissen, was man will, sondern auch die Energie und Willensstärke, dieses Wissen in Taten umzusetzen. Erst Führung und Wille zusammen sichern den Anspruch auf Geschäftserfolge durch eine zielgerichtete Ausrichtung aller Energien hierauf. Wille und Ziel stehen am Anfang jeder Hochleistung.

HK-2 Ausbildung - Fachqualifikation	3	d

> Kommentar:
> Bei den Schlüsselqualifikationen geht es um Fähigkeiten und Fertigkeiten wie Fremdsprachenkenntnisse, interkulturelles Wissen oder Führungskompetenzen. Weiterhin geht es um Fähigkeiten, mit Menschen gut zurechtzukommen und konstruktiv zu kommunizieren, d.h. Sozialkompetenzen wie Rhetorik, Argumentations-, Team-, Führungs-, Kontakt- oder Kritikfähigkeit.

HK-3 Mitarbeiterzufriedenheit, -motivation	3	d

> Kommentar:
> Hochmotivierte führen Erfolge auf eigene Leistungen und Fähigkeiten zurück, Niedrigmotivierte erklären ggf. Erfolge eher mit glücklichen Umständen (da Glück nicht beliebig wiederholbar ist, entstehen subjektiv leicht negative Erfolgserwartungen/-motivationen). Hochleistungen erreicht man nur mit einem Team, das eine starke Motivation und Identifikation mit Leitbild und Vision des Projekt-Unternehmens aufweist.

HK-4 Wissensmanagement, -bilanzierung	3	c

> Kommentar:

In der Darstellungsform eines graphischen Wirkungsnetzes könnte dieses fiktive Beispiel wie folgt aussehen:

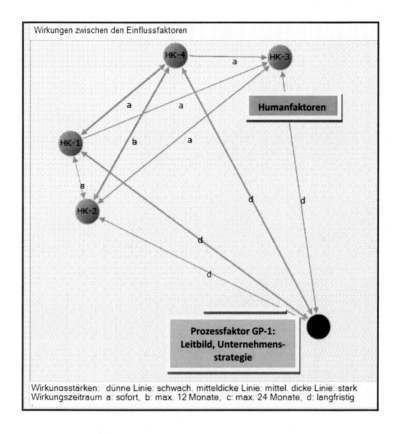

Als weiteres Demo-Beispiel soll analysiert und dargestellt werden, mit welcher Stärke und Dauer der Prozessfaktor „Leitbild und Unternehmensstrategie" auf die anderen Strukturfaktoren, nämlich Informationssysteme und Anwendungen, Planungs- und Controlling-Tools, Frühwarn- und Risikokontrollsystem und Standortfaktoren wirkt:

Prozessfaktor GP-1 Leitbild - Unternehmensstrategie wirkt auf:		Stärke	Dauer
SK-1	Informationssysteme, Anwendungen	3	d

Kommentar:
Die Informationstechnologie ist ein grundlegendes Planungsinstrument, um die Trägheit aus bestehenden Organisationen herauszunehmen oder um vorhandene Kommunikations- und Entscheidungswege zu verändern. Die Informationstechnik ermöglicht völlig neu zu planen, wo welche Arbeit wie gemacht werden kann: statt der herkömmlichen arbeitsteiligen und rein funktionsorientierten Strukturen können mit Hilfe der Informationstechniken auch strukturelle Reorganisationsmaßnahmen in Richtung auf eine an Geschäftsprozessen orientierte Organisationsform realisiert werden.

SK-2	Planungs- und Controlling-Tools	0	

Kommentar:
In der heutigen Wirtschaftswelt ist die Entwicklung und Analyse von Voraussagen und Plänen von vitaler Bedeutung. Sollen für Planungen über die Abteilungsebene hinaus Produkte, Vertrieb, Märkte, Länder und anderes miteinander verknüpft werden, sind hierfür geeignete Controlling-Instrumente erforderlich. Planen heißt vorausschauen und Prognosen entwickeln: je genauer diese Prognosen sind, desto erfolgreicher werden die daraus abgeleiteten Schlüsse und damit das Geschäft sein.

SK-3	Frühwarn- und Risikokontrollsystem	2	d

Kommentar:

SK-4	Standortfaktoren	0	

Kommentar:

In der Darstellungsform eines graphischen Wirkungsnetzes könnte dieses fiktive Beispiel wie folgt aussehen:

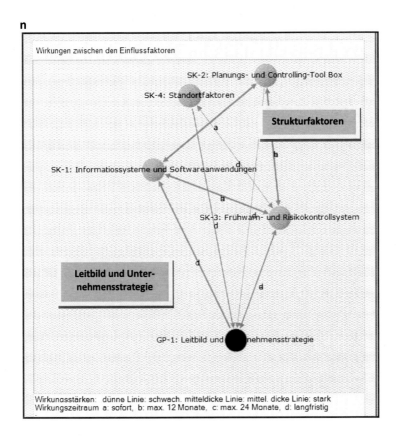

Als weiteres Demo-Beispiel soll analysiert und dargestellt werden, mit welcher Stärke und Dauer der Prozessfaktor „Leitbild und Unternehmensstrategie" auf die anderen Beziehungsfaktoren, nämlich Kunden- und Lieferantenbeziehungen, Kommunikationsbeziehungen, Kompetenznetzwerke und Logistikleistungen wirkt:

Prozessfaktor GP-1 Leitbild - Unternehmensstrategie wirkt auf:	Stärke	Dauer
BK-1 Kunden- und Lieferantenbeziehungen	2	d

Kommentar:

	Stärke	Dauer
BK-2 Kommunikationsbeziehungen	2	d

Kommentar:

	Stärke	Dauer
BK-3 Kompetenznetzwerkbeziehungen	3	d

Kommentar:
Geschäftserfolge werden immer weniger von einsamen Einzelkämpfern und Tüftlern/Genies erreicht. Erfolgversprechender sind Kooperationen zwischen Individuen, die mit unterschiedlichen Erfahrungen und komplementären Denkweisen ausgestattet sind. Besonders die Einbindung externer Experten ermöglicht dem Unternehmen eine Revitalisierung seiner Innovationskraft. Erfolgreiche Unternehmen generieren fast die Hälfte ihrer Innovationen aus solchen externen Impulsen: es geht um die Öffnung und externe Vernetzung von Innovationsprozessen, d.h. einen Trend zum unternehmens- und branchenübergreifenden Mannschaftsspiel.

	Stärke	Dauer
BK-4 Logistikleistungen	2	c

Kommentar:
Die Logistik leistet einen dauerhaften Beitrag zur Sicherstellung des Geschäftserfolges. Ausgehend von den Geschäftszielen, Kundenanforderungen und der Leistungsfähigkeit der Konkurrenz sind für das jeweilige Geschäft relevante Zielgrößen für Logistikleistungen und -kosten zu entwickeln. Das Denken und Handeln aller Beteiligten in allen Bereichen muss auch auf logistische Effizienz und Produktivität ausgerichtet werden. Im Bereich der Logistikleistungen sind die Führungsgrößen in externe kunden- bzw. marktorientierte Ziele und interne Ziele zu differenzieren.

In der Darstellungsform eines graphischen Wirkungsnetzes könnte dieses fiktive Beispiel wie folgt aussehen:

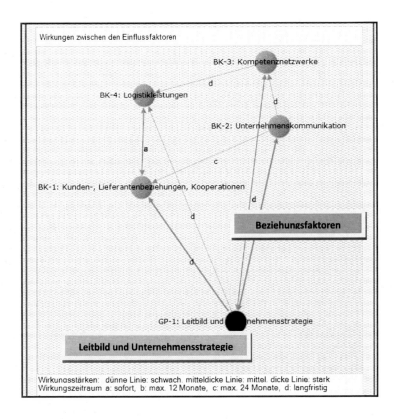

Analog zur hier für einen Strategie-Check anhand eines Demo-Beispiels für den Faktor „Leitbild und Unternehmensstrategie" vorgestellten Vorgehensweise sollten Faktor für Faktor alle weiteren Wirkungsbeziehungen analysiert werden. Allein die hierfür notwendige intensive Beschäftigung und Auseinandersetzung mit möglichen Wirkungsbeziehungen ermöglicht nicht nur mehr Transparenz, sondern auch Hinweise auf Hebel- und Rückkoppelungseffekte.

9.3 Wirkungsbeziehungen zwischen Clustern

Nachfolgend werden als weitere Demo-Beispiele graphische Wirkungsnetze dargestellt, in denen Wirkungsbeziehungen zwischen einzelnen Clustern aus Einflussfaktoren eingezeichnet wurden. Wirkungsbeziehungen zwischen Prozess- und Erfolgsfaktoren:

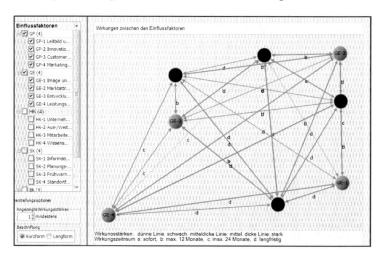

Wirkungsbeziehungen zwischen Prozess- und Humanfaktoren:

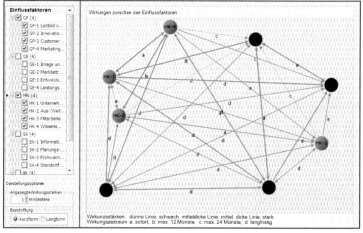

Wirkungsbeziehungen zwischen Prozess- und Strukturfaktoren:

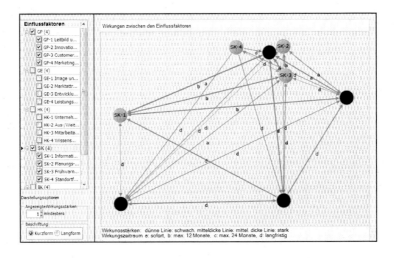

Wirkungsbeziehungen zwischen Prozess- und Beziehungsfaktoren:

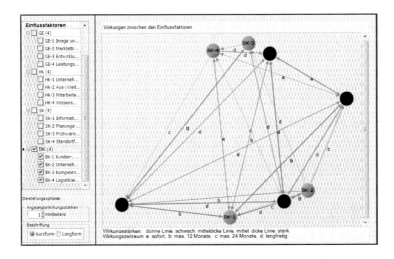

Wirkungsbeziehungen zwischen Erfolgs- und Humanfaktoren:

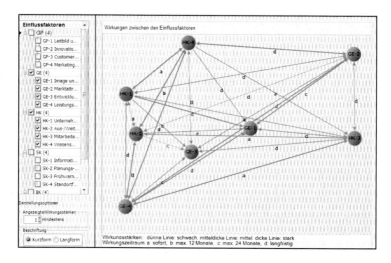

Wirkungsbeziehungen zwischen Erfolgs- und Strukturfaktoren:

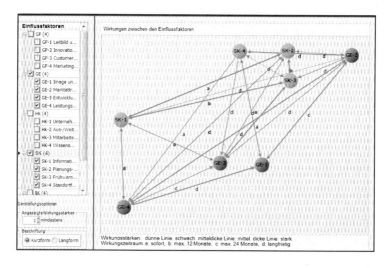

Wirkungsbeziehungen zwischen Erfolgs- und Beziehungsfaktoren:

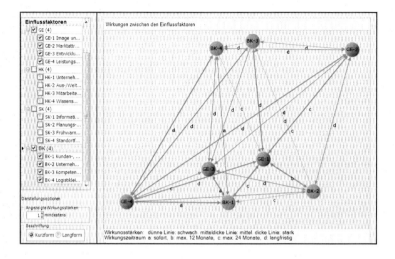

Wirkungsbeziehungen zwischen Human- und Strukturfaktoren:

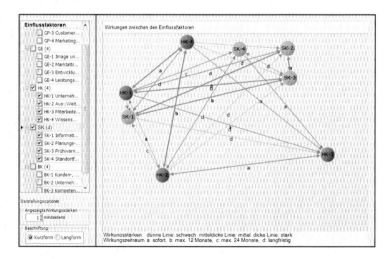

Wirkungsbeziehungen zwischen Human- und Beziehungsfaktoren:

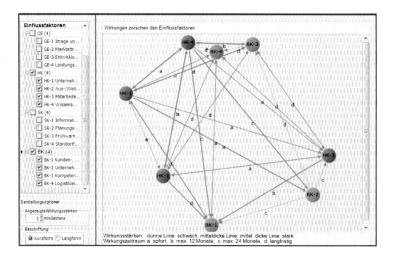

Wirkungsbeziehungen zwischen Struktur- und Beziehungsfaktoren:

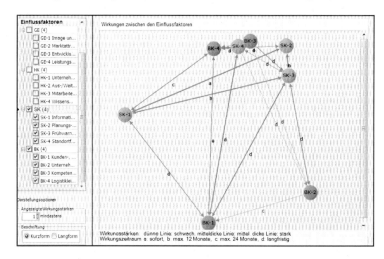

9.4 Zusammenfassung der Wirkungsstärken

a) Wirkungsstärken der Prozessfaktoren:

ID	Einflussfaktor	GP-1	GP-2	GP-3	GP-4
GP-1	Leitbild und Unternehmensstrategie	■	3	3	3
GP-2	Innovationsmanagement	2	■	2	1
GP-3	Customer Relation Management	0	1	■	3
GP-4	Marketingcontrolling	3	2	2	■
GE-1	Image und Bekanntheitsgrad	1	1	1	1
GE-2	Marktattraktivität, Konkurrenz	2	2	2	2
GE-3	Entwicklungspotential, Konkurrenz	2	2	2	3
GE-4	Leistungsqualität	2	2	3	1
HK-1	Unternehmerische Kompetenz	3	3	3	3
HK-2	Ausbildung, Fachqualifikation	0	2	2	1
HK-3	Mitarbeiterzufriedenheit, -motivation	1	2	2	1
HK-4	Wissensmanagement, -bilanzierung	3	3	2	1
SK-1	Informationssysteme, Anwendungen	0	1	3	3
SK-2	Planungs- und Controlling-Tools	1	1	2	3
SK-3	Frühwarn-, Risikokontrollsystem	2	2	1	3
SK-4	Standortfaktoren	2	2	2	2
BK-1	Kunden-, Lieferantenbeziehungen	0	2	3	2
BK-2	Unternehmenskommunikation	2	2	2	0
BK-3	Kompetenznetzwerke	2	3	0	0
BK-4	Logistikleistungen	0	1	1	2

b) Wirkungsstärken der Erfolgsfaktoren:

ID	Einflussfaktor	GE-1	GE-2	GE-3	GE-4
GP-1	Leitbild und Unternehmensstrategie	3	3	3	2
GP-2	Innovationsmanagement	2	3	2	2
GP-3	Customer Relation Management	3	3	2	3
GP-4	Marketingcontrolling	1	3	2	0
GE-1	Image und Bekanntheitsgrad	■	3	0	0
GE-2	Marktattraktivität, Konkurrenz	1	■	1	2
GE-3	Entwicklungspotential, Konkurrenz	0	2	■	1
GE-4	Leistungsqualität	3	3	2	■

ID	Einflussfaktor	HK-1	HK-2	HK-3	HK-4
HK-1	Unternehmerische Kompetenz	3	2	2	2
HK-2	Ausbildung, Fachqualifikation	2	1	1	3
HK-3	Mitarbeiterzufriedenheit, -motivation	2	1	2	3
HK-4	Wissensmanagement, -bilanzierung	2	3	1	3
SK-1	Informationssysteme, Anwendungen	0	1	2	2
SK-2	Planungs- und Controlling-Tools	0	1	2	2
SK-3	Frühwarn-, Risikokontrollsystem	0	0	3	0
SK-4	Standortfaktoren	2	3	2	2
BK-1	Kunden-, Lieferantenbeziehungen	2	3	3	2
BK-2	Unternehmenskommunikation	3	2	2	0
BK-3	Kompetenznetzwerke	2	1	2	1
BK-4	Logistikleistungen	1	2	2	3

c) Wirkungsstärken der Humanfaktoren:

ID	Einflussfaktor	HK-1	HK-2	HK-3	HK-4
GP-1	Leitbild und Unternehmensstrategie	1	2	2	1
GP-2	Innovationsmanagement	1	2	2	1
GP-3	Customer Relation Management	0	0	0	0
GP-4	Marketingcontrolling	1	0	0	0
GE-1	Image und Bekanntheitsgrad	0	0	2	0
GE-2	Marktattraktivität, Konkurrenz	1	1	1	1
GE-3	Entwicklungspotential, Konkurrenz	0	0	1	1
GE-4	Leistungsqualität	1	2	2	2
HK-1	Unternehmerische Kompetenz	■	1	2	3
HK-2	Ausbildung, Fachqualifikation	1	■	2	3
HK-3	Mitarbeiterzufriedenheit, -motivation	0	2	■	0
HK-4	Wissensmanagement, -bilanzierung	3	3	2	■
SK-1	Informationssysteme, Anwendungen	0	0	1	1
SK-2	Planungs- und Controlling-Tools	2	0	0	0
SK-3	Frühwarn-, Risikokontrollsystem	2	0	0	0
SK-4	Standortfaktoren	0	2	2	0
BK-1	Kunden-, Lieferantenbeziehungen	0	0	0	0
BK-2	Unternehmenskommunikation	0	0	1	0
BK-3	Kompetenznetzwerke	2	1	1	3
BK-4	Logistikleistungen	0	0	0	0

d) Wirkungsstärken der Strukturfaktoren:

ID	Einflussfaktor	SK-1	SK-2	SK-3	SK-4
GP-1	Leitbild und Unternehmensstrategie	3	0	2	0
GP-2	Innovationsmanagement	1	1	1	0
GP-3	Customer Relation Management	2	2	1	0
GP-4	Marketingcontrolling	2	2	2	0
GE-1	Image und Bekanntheitsgrad	0	0	0	2
GE-2	Marktattraktivität, Konkurrenz	1	1	2	2
GE-3	Entwicklungspotential, Konkurrenz	1	1	3	0
GE-4	Leistungsqualität	2	2	0	0
HK-1	Unternehmerische Kompetenz	1	2	3	2
HK-2	Ausbildung, Fachqualifikation	1	1	1	1
HK-3	Mitarbeiterzufriedenheit, -motivation	0	0	0	0
HK-4	Wissensmanagement, -bilanzierung	2	1	1	0
SK-1	Informationssysteme, Anwendungen	■	3	3	0
SK-2	Planungs- und Controlling-Tools	3	■	2	0
SK-3	Frühwarn-, Risikokontrollsystem	2	3	■	1
SK-4	Standortfaktoren	0	0	1	■
BK-1	Kunden-, Lieferantenbeziehungen	2	0	3	2
BK-2	Unternehmenskommunikation	0	0	2	0
BK-3	Kompetenznetzwerke	0	0	2	0
BK-4	Logistikleistungen	2	1	0	2

e) Wirkungsstärken der Beziehungsfaktoren:

ID	Einflussfaktor	BK-1	BK-2	BK-3	BK-4
GP-1	Leitbild und Unternehmensstrategie	3	3	1	1
GP-2	Innovationsmanagement	3	0	2	0
GP-3	Customer Relation Management	3	0	0	1
GP-4	Marketingcontrolling	1	0	0	0
GE-1	Image und Bekanntheitsgrad	3	3	3	0
GE-2	Marktattraktivität, Konkurrenz	1	1	1	1
GE-3	Entwicklungspotential, Konkurrenz	2	1	0	1
GE-4	Leistungsqualität	3	2	3	3

Code		Col1	Col2	Col3	Col4
HK-1	Unternehmerische Kompetenz	3	3	3	2
HK-2	Ausbildung, Fachqualifikation	3	0	2	2
HK-3	Mitarbeiterzufriedenheit, -motivation	3	0	2	2
HK-4	Wissensmanagement, -bilanzierung	3	3	3	1
SK-1	Informationssysteme, Anwendungen	1	0	0	2
SK-2	Planungs- und Controlling-Tools	0	0	0	1
SK-3	Frühwarn-, Risikokontrollsystem	1	2	0	0
SK-4	Standortfaktoren	3	1	2	3
BK-1	Kunden-, Lieferantenbeziehungen	■	0	0	1
BK-2	Unternehmenskommunikation	1	■	1	0
BK-3	Kompetenznetzwerke	0	0	■	1
BK-4	Logistikleistungen	2	0	0	■

9.5 Zusammenfassung der Wirkungsdauer

a) Wirkungsdauer der Prozessfaktoren:

ID	Einflussfaktor	GP-1	GP-2	GP-3	GP-4
GP-1	Leitbild und Unternehmensstrategie	■	d	d	a
GP-2	Innovationsmanagement	c	■	c	c
GP-3	Customer Relation Management		d	■	c
GP-4	Marketingcontrolling	d	d	a	■
GE-1	Image und Bekanntheitsgrad	d	d	b	d
GE-2	Marktattraktivität, Konkurrenz	d	d	b	c
GE-3	Entwicklungspotential, Konkurrenz	b	b	d	d
GE-4	Leistungsqualität	d	c	b	c
HK-1	Unternehmerische Kompetenz	d	d	d	d
HK-2	Ausbildung, Fachqualifikation		d	d	d
HK-3	Mitarbeiterzufriedenheit, -motivation	d	d	a	c
HK-4	Wissensmanagement, -bilanzierung	d	d	c	c
SK-1	Informationssysteme, Anwendungen		d	b	b
SK-2	Planungs- und Controlling-Tools	d	d	c	a
SK-3	Frühwarn-, Risikokontrollsystem	a	a	d	c
SK-4	Standortfaktoren	d	d	d	d
BK-1	Kunden-, Lieferantenbeziehungen		c	b	c
BK-2	Unternehmenskommunikation	b	b	b	
BK-3	Kompetenznetzwerke	c	d		
BK-4	Logistikleistungen		c	c	d

b) Wirkungsdauer der Erfolgsfaktoren:

ID	Einflussfaktor	GE-1	GE-2	GE-3	GE-4
GP-1	Leitbild und Unternehmensstrategie	d	d	d	d
GP-2	Innovationsmanagement	d	b	b	c
GP-3	Customer Relation Management	d	d	b	a
GP-4	Marketingcontrolling	b	b	b	
GE-1	Image und Bekanntheitsgrad	■	c		
GE-2	Marktattraktivität, Konkurrenz	c	■	d	d

ID	Einflussfaktor				
GE-3	Entwicklungspotential, Konkurrenz		c	■	c
GE-4	Leistungsqualität	d	c	c	■
HK-1	Unternehmerische Kompetenz	d	c	b	c
HK-2	Ausbildung, Fachqualifikation	d	d	c	b
HK-3	Mitarbeiterzufriedenheit, -motivation	c	d	d	a
HK-4	Wissensmanagement, -bilanzierung	d	c	b	a
SK-1	Informationssysteme, Anwendungen		d	a	a
SK-2	Planungs- und Controlling-Tools		d	a	c
SK-3	Frühwarn-, Risikokontrollsystem			a	
SK-4	Standortfaktoren	d	d	d	a
BK-1	Kunden-, Lieferantenbeziehungen	c	c	a	d
BK-2	Unternehmenskommunikation	b	d	d	
BK-3	Kompetenznetzwerke	d	d	d	d
BK-4	Logistikleistungen	c	c	d	a

c) Wirkungsdauer der Humanfaktoren:

ID	Einflussfaktor	HK-1	HK-2	HK-3	HK-4
GP-1	Leitbild und Unternehmensstrategie	d	d	d	d
GP-2	Innovationsmanagement	c	c	c	d
GP-3	Customer Relation Management				
GP-4	Marketingcontrolling	b			
GE-1	Image und Bekanntheitsgrad				d
GE-2	Marktattraktivität, Konkurrenz	d	d	d	d
GE-3	Entwicklungspotential, Konkurrenz			d	d
GE-4	Leistungsqualität	d	d	a	d
HK-1	Unternehmerische Kompetenz	■	a	a	a
HK-2	Ausbildung, Fachqualifikation	c	■	a	b
HK-3	Mitarbeiterzufriedenheit, -motivation		a	■	
HK-4	Wissensmanagement, -bilanzierung	a	a	a	■
SK-1	Informationssysteme, Anwendungen			d	d
SK-2	Planungs- und Controlling-Tools	d			
SK-3	Frühwarn-, Risikokontrollsystem	d			
SK-4	Standortfaktoren		d	a	

ID	Einflussfaktor	BK-1	BK-2	BK-3	BK-4
BK-1	Kunden-, Lieferantenbeziehungen				
BK-2	Unternehmenskommunikation			c	
BK-3	Kompetenznetzwerke	d	d	d	b
BK-4	Logistikleistungen				

d) Wirkungsdauer der Strukturfaktoren:

ID	Einflussfaktor	SK-1	SK-2	SK-3	SK-4
GP-1	Leitbild und Unternehmensstrategie	d		d	
GP-2	Innovationsmanagement	d	d	a	
GP-3	Customer Relation Management	a	a	a	
GP-4	Marketingcontrolling	b	a	a	
GE-1	Image und Bekanntheitsgrad				d
GE-2	Marktattraktivität, Konkurrenz	d	d	d	d
GE-3	Entwicklungspotential, Konkurrenz	c	c	a	
GE-4	Leistungsqualität	d	d		
HK-1	Unternehmerische Kompetenz	d	d	b	c
HK-2	Ausbildung, Fachqualifikation	c	d	d	d
HK-3	Mitarbeiterzufriedenheit, -motivation				
HK-4	Wissensmanagement, -bilanzierung	d	d	d	
SK-1	Informationssysteme, Anwendungen	■	a	a	
SK-2	Planungs- und Controlling-Tools	a	■	a	
SK-3	Frühwarn-, Risikokontrollsystem	b	b	■	d
SK-4	Standortfaktoren			d	■
BK-1	Kunden-, Lieferantenbeziehungen	d		d	d
BK-2	Unternehmenskommunikation			d	
BK-3	Kompetenznetzwerke			d	
BK-4	Logistikleistungen	c	c		d

e) Wirkungsdauer der Beziehungsfaktoren:

ID	Einflussfaktor	BK-1	BK-2	BK-3	BK-4
GP-1	Leitbild und Unternehmensstrategie	d	d	d	d
GP-2	Innovationsmanagement	b		b	
GP-3	Customer Relation Management	a			a
GP-4	Marketingcontrolling	b			

Code	Bezeichnung				
GE-1	Image und Bekanntheitsgrad	c	b	d	
GE-2	Marktattraktivität, Konkurrenz	c	d	d	d
GE-3	Entwicklungspotential, Konkurrenz	c		d	d
GE-4	Leistungsqualität	a	b	d	d
HK-1	Unternehmerische Kompetenz	d	a	c	d
HK-2	Ausbildung, Fachqualifikation	d		d	d
HK-3	Mitarbeiterzufriedenheit, -motivation	b		d	d
HK-4	Wissensmanagement, -bilanzierung	c	c	c	d
SK-1	Informationssysteme, Anwendungen	c			c
SK-2	Planungs- und Controlling-Tools				d
SK-3	Frühwarn-, Risikokontrollsystem	c	d		
SK-4	Standortfaktoren	a	d	d	a
BK-1	Kunden-, Lieferantenbeziehungen	■			c
BK-2	Unternehmenskommunikation	c	■	d	
BK-3	Kompetenznetzwerke	a		■	d
BK-4	Logistikleistungen				■

9.6 Ermittlung der Aktivsummen

ID	Einflussfaktor	1. ..... n.	Aktivsumme
GP-1	Leitbild und Unternehmensstrategie		39
GP-2	Innovationsmanagement		28
GP-3	Customer Relation Management		24
GP-4	Marketingcontrolling		21
GE-1	Image und Bekanntheitsgrad		20
GE-2	Marktattraktivität, Konkurrenz		26
GE-3	Entwicklungspotential, Konkurren-		23
GE-4	Leistungsqualität	Für jeden der Ein-	38
HK-1	Unternehmerische Kompetenz	flussfaktoren werden die ermittelten	46
HK-2	Ausbildung, Fachqualifikation	Wirkungsstärken	29
HK-3	Mitarbeiterzufriedenheit, -motiva	zeilenweise aufaddiert.	23
HK-4	Wissensmanagement, -bilanzierur		40
SK-1	Informationssysteme, Anwendung	Als Gesamtbild	23
SK-2	Planungs- und Controlling-Tools	ergibt sich daraus ein Profil von Aktiv-	20
SK-3	Frühwarn-, Risikokontrollsystem	summen.	22
SK-4	Standortfaktoren		31
BK-1	Kunden-, Lieferantenbeziehungen		25
BK-2	Unternehmenskommunikation		18
BK-3	Kompetenznetzwerke		21
BK-4	Logistikleistungen		19

Mit Hilfe der jeweiligen Aktivsumme soll angezeigt werden, welche Wirkung von einem Faktor auf das Gesamtsystem, also in den Demo-Beispielen hier auf das Gesamtunternehmen ausgeht. Man erhält Hinweise darauf, welcher Einfluss und Hebeleffekt über einen bestimmten Faktor ausgeübt werden kann. In dem hier aufgezeigten Demo-Beispiel fallen besonders die Faktoren Leitbild-Unternehmensstrategie, Leistungsqualität, Unternehmerische Kompetenz und Wissensmanagement ins Auge:

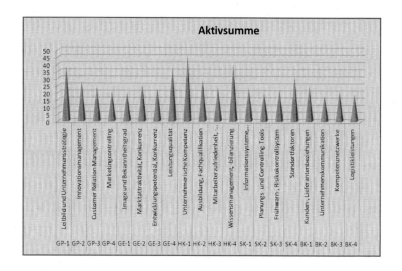

Das für spätere Potential-Portfolios verwendete Einflussgewicht eines Faktors errechnet sich aus:

- Gesamtsumme aller Einzel-Aktivsummen
- Prozent-Anteil der Aktivsumme eines Einzelfaktors an der Gesamtsumme für alle Faktoren

9.7 Ermittlung der Passivsummen

Die Wirkungsstärken in der vertikalen Spalte eines Faktors zeigen an, wie diesmal umgekehrt ein bestimmter Faktor wie beispielsweise der von „Leitbild und Unternehmensstrategie" immer wieder von einem anderen Faktor beeinflusst wird. Wenn man die Einzel-Stärken nunmehr vertikal aufaddiert, erhält man für jeden Faktor eine Passivsumme die anzeigt, in welchem Ausmaß der betreffende Faktor seinerseits vom Gesamtsystem, d.h. Gesamtunternehmen abhängt und passiv beeinflusst wird:

ID	Einflussfaktor	1.	.....	....	n.
GP-1	Leitbild und Unternehmensstrategie				
GP-2	Innovationsmanagement				
GP-3	Customer Relation Management				
GP-4	Marketingcontrolling				
GE-1	Image und Bekanntheitsgrad				
GE-2	Marktattraktivität, Konkurrenz				
GE-3	Entwicklungspotential, Konkurrenz				
GE-4	Leistungsqualität				
HK-1	Unternehmerische Kompetenz				
HK-2	Ausbildung, Fachqualifikation				
HK-3	Mitarbeiterzufriedenheit, -motivation				
HK-4	Wissensmanagement, -bilanzierung				
SK-1	Informationssysteme, Anwendungen				
SK-2	Planungs- und Controlling-Tools				
SK-3	Frühwarn-, Risikokontrollsystem				
SK-4	Standortfaktoren				
BK-1	Kunden-, Lieferantenbe...				
BK-2	Unternehmenskommu...				
BK-3	Kompetenznetzwerke				
BK-4	Logistikleistungen				
	PASSIVSUMME	28	37	38	

> Spaltenweise wird für jeden Faktor der oberen Beschriftungszeile angezeigt, wie stark dieser Faktor von jedem der anderen Faktoren beeinflussbar ist.

Legt man beide Kurvenverläufe, d.h. den der Aktivsummen und den der Passivsummen übereinander, so lassen sich hieraus für den Strategie-Check einige Rückschlüsse ziehen. Besonders deutlich fällt in dem fiktiven Demo-Beispiel beim Faktor „Unternehmerische Kompetenz" der Unterschied zwischen Aktiv- und Passivsumme aus. D.h. hier wird ein ohnehin offensichtlicher Tatbestand bestätigt, dass „Unternehmerische Kompetenz" sehr stark und aktiv auf andere Faktoren einzuwirken vermag, seinerseits von diesen Faktoren aber nur im Vergleich hierzu geringeren Umfang beeinflussbar wäre:

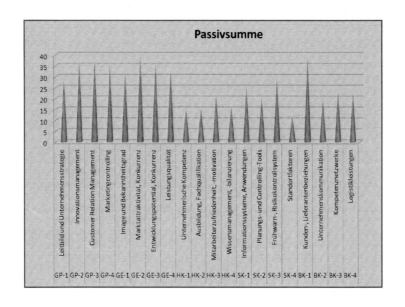

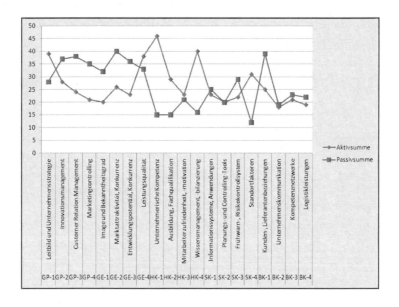

10 Erfolgspotentiale ausloten

Für das fiktive „Projekt-Unternehmen", das für die Demo-Beispiele zur Illustration der beschriebenen Konzepte angenommen werden soll, werden Einflussfaktoren verwendet, für die bereits an anderer Stelle detaillierte Bewertungsverfahren beschrieben worden sind. Für die nachfolgenden Potentialanalysen der Strategiefaktoren wird somit von folgendem Faktoren-Tableau ausgegangen (Vgl. Jörg Becker: Marketingcontrolling und Intellektuelles Kapital, Norderstedt 2008):

ID	Einflussfaktor	Quantität %	Qualität %	Systematik %
GP-1	Leitbild und Unternehmensstrategie	55	30	25
GP-2	Innovationsmanagement, Changemanagmt.	60	65	85
GP-3	Customer Relation Management	60	40	70
GP-4	Marketingcontrolling	90	80	80
GE-1	Image und Bekanntheitsgrad	75	50	65
GE-2	Marktattraktivität, Konkurrenz	90	80	80
GE-3	Entwicklungspotential, Umfeldbeobachtung	75	55	25
GE-4	Leistungsqualität	85	80	45
HK-1	Unternehmerische Kompetenz	95	90	85
HK-2	Ausbildung, Fachqualifikation	55	35	15
HK-3	Mitarbeiterzufriedenheit, -motivation	65	70	45
HK-4	Wissensmanagement, -bilanzierung	15	10	5
SK-1	Informationssysteme, Anwendungen	95	80	85
SK-2	Planungs- und Controlling-Tools	65	95	90
SK-3	Frühwarn-, Risikokontrollsystem	15	35	25
SK-4	Standortfaktoren	75	65	50
BK-1	Kunden-, Lieferantenbeziehungen	90	70	25
BK-2	Unternehmenskommunikation	35	25	40
BK-3	Kompetenznetzwerke	5	10	5
BK-4	Logistikleistungen	85	90	90

Die Potentiale der jeweiligen Strategiefaktoren können in einem 4-Felder-Portfolio angezeigt werden. Dabei wird auf der horizontalen Achse des Portfolios die Bewertung des jeweiligen Einflussfaktors angezeigt. Dieser Wert wird als Durchschnitt aus den drei Dimensionen „Quantität", „Qualität" und „Systematik" ermittelt (z.b. für GP-1 Leitbild und Unternehmensstrategie unter Bezug auf das vorangestellte Tableau: (55+30+25)/3. Auf der zweiten vertikalen Achse des Tableaus wird das Einflussgewicht des Faktors aufgetragen:

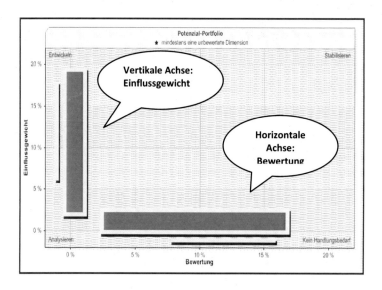

Wenn die Potential-Portfolios in dieser Form, d.h. nach Einflussgewicht und Durchschnitts-Bewertung aufgebaut werden, ermöglicht dies eine Zuordnung und Abgrenzung der Einflussfaktoren nach vier verschiedenen Handlungsfeldern:

- Oben rechts 1. Quadrant = Stabilisieren (der Faktor hat ein relativ hohes Einflussgewicht und wurde relativ hoch bewertet)

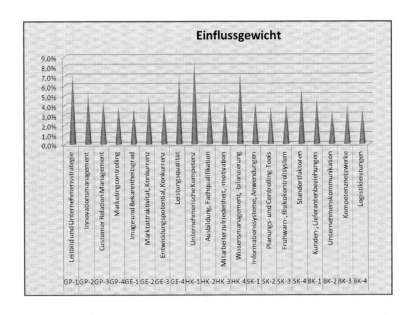

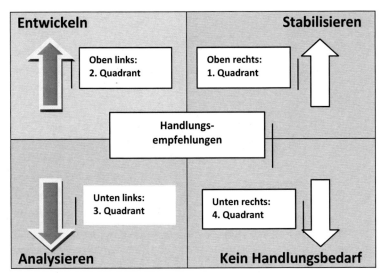

- Oben links 2. Quadrant = Entwickeln (der Faktor hat ein relativ hohes Einflussgewicht, wurde aber relativ gering bewertet)

- Unten links 3. Quadrant = Analysieren (der Faktor hat ein relativ niedriges Einflussgewicht und wurde auch nur relativ gering bewertet)

- Unten rechts 4. Quadrant = Kein Handlungsbedarf (der Faktor hat ein relativ niedriges Einflussgewicht, wurde aber relativ hoch bewertet)

ID	Einflussfaktor	1.	.....	n.	Einflussgewicht
GP-1	Leitbild und Unternehmensstrategie				7,3 %
GP-2	Innovationsmanagement				5,2 %
GP-3	Customer Relation Management				4,8%
GP-4	Marketingcontrolling				3,9%
GE-1	Image und Bekanntheitsgrad				3,7%
GE-2	Marktattraktivität, Konkurrenz				4,9%
GE-3	Entwicklungspotential, Konkurrenz				4,3%
GE-4	Leistungsqualität				7,1%
HK-1	Unternehmerische Kompetenz				8,6%
HK-2	Ausbildung, Fachqualifikation				5,4%
HK-3	Mitarbeiterzufriedenheit, -motivation				4,3%
HK-4	Wissensmanagement, -bilanzierung				7,5%
SK-1	Informationssysteme, Anwendungen				4,3%
SK-2	Planungs- und Controlling-Tools				3,7%
SK-3	Frühwarn-, Risikokontrollsystem				4,1%
SK-4	Standortfaktoren				5,8%
BK-1	Kunden-, Lieferantenbeziehungen				4,7%
BK-2	Unternehmenskommunikation				3,4%
BK-3	Kompetenznetzwerke				3,9%
BK-4	Logistikleistungen				3,5%

Das ermittelte Einflussgewicht ist eine strategische Steuerungsgröße, da mit dem gleichen Einsatz von Budgetmitteln gegebenenfalls ein größerer oder geringerer Effekt erreicht wird (je nach Einflussgewicht).

Potential-Portfolio der Prozessfaktoren:

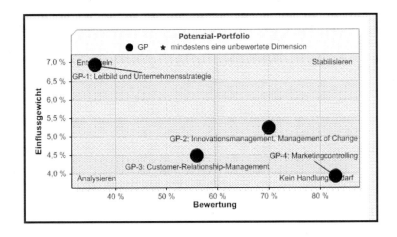

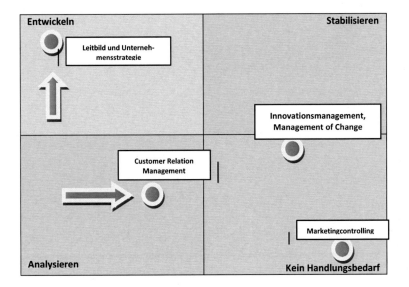

Potential-Portfolio der Erfolgsfaktoren:

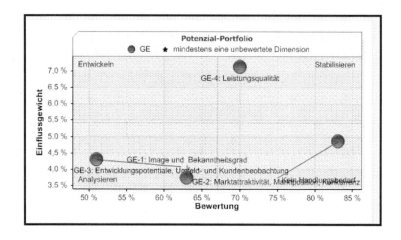

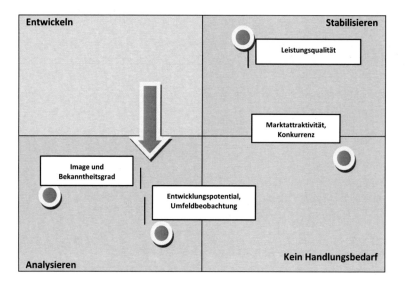

Potential-Portfolio der Humanfaktoren:

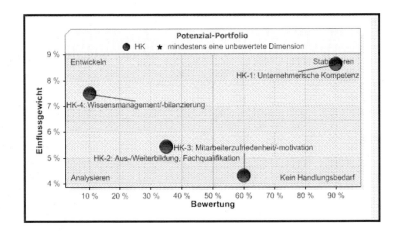

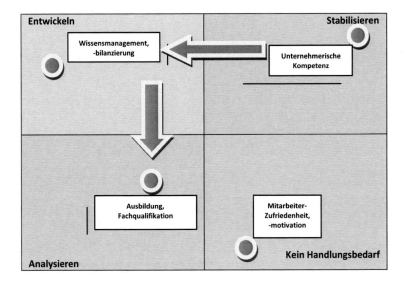

Potential-Portfolio der Strukturfaktoren:

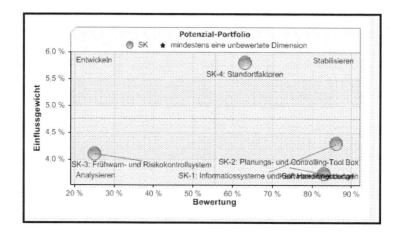

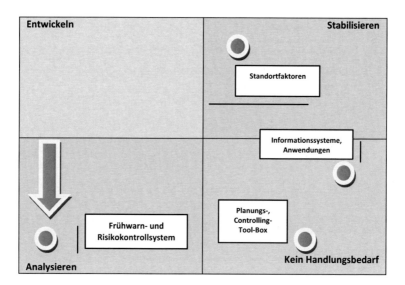

Potential-Portfolio der Beziehungsfaktoren:

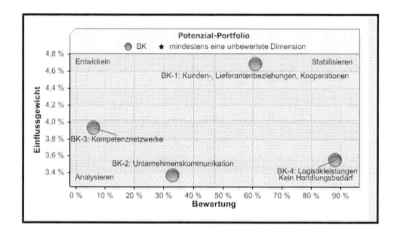

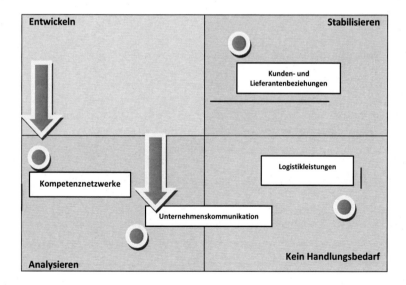

Potential-Protfolio des Gesamtsystems, -unternehmens:

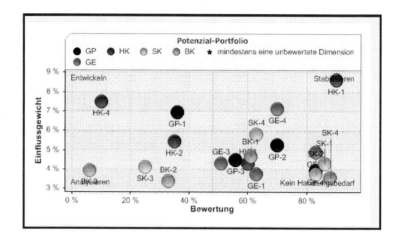

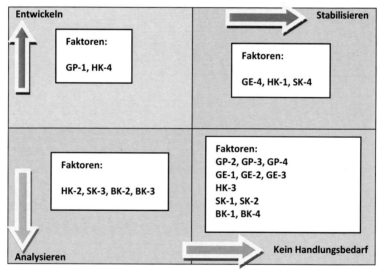

11 Strategischer Ausblick auf Maßnahmenpotenziale

Der Strategie-Check ist keine Veranstaltung, die nur für sich selbst stattfindet. Vielmehr geht es darum, Analyseergebnisse nicht einfach auf sich beruhen zu lassen, sondern hieraus konkrete Maßnahmen abzuleiten. Die sollten die vorgesehenen Maßnahmen vor ihrer Umsetzung mit Blick auf die strategische Ausrichtung und unter Berücksichtigung der im Wissensbilanz-Prozess zusammengetragenen/dokumentierten Informationen diskutiert werden. So können Maßnahmen verhindert werden, die an der falschen Stelle ansetzen oder denen Wirkungen unterstellt werden, die in der Analyse nicht identifiziert wurden. Frage:

- gibt es Hinweise, dass die Geschäftsstrategie geändert werden muss?
- Falls ja, sollte die Gelegenheit zur Anpassung der Strategie genutzt werden.

Außerdem lassen sich spätestens jetzt ganz konkrete Wissensziele definieren, die die Gesamtstrategie unterstützen. Fundamentale Änderungen der Strategie sollten der Ansatz für die nächste Wissensbilanz sein (eine nachträgliche Änderung in der aktuellen Berichtsperiode würde ggf. den Bewertungsmaßstab verfälschen, da die jeweilige Strategie die "Messlatte" der gesamten Analyse darstellt.

Eine Empfehlung besteht darin, die Argumentationen der vorausgegangenen Bewertungen betrachten: diese enthalten meistens Lösungsvorschläge für existierende Probleme oder machen zumindest die Defizite deutlich, an denen angesetzt werden sollte. Die Wirkungsnetze helfen, die Konsequenzen der Maßnahmen transparent zu machen und weiter zu spezifizieren. Auch auf bereits vorhandene Best-Practices achten: bereits erprobte Managementinstrumente sind meistens erfolgreicher als neue Instrumente.

Um seinen Markterfolg zu sichern, muss das Unternehmen besser sein als die Konkurrenz. Der Schlüssel dazu liegt in der gezielten Steuerung von Faktoren, die die Wissensfähigkeiten des Unternehmens bestimmen. Hierzu müssen systematisch die Ausprägungen der wissensrelevanten Gestaltungsfelder der Managementebene abgefragt werden. Damit erfolgt eine Positionierung der Wissens- und Leistungsfähigkeit des Unternehmens, das betriebliche Wissensgeschehen wird in seiner ganzen Bandbreite erfasst. Auf Basis dieser Wissensanalyse kann das Unternehmen identifizierte Potenziale ausschöpfen, sich selbst verbessern und dadurch wettbewerbsfähiger werden. Eine wiederholte Nutzung der Selbstbewertungsinstrumente ermöglicht die kontinuierliche Erfolgskontrolle von umgesetzten Maßnahmen.

Aus den Analyseschritten werden solche Maßnahmen abgeleitet, die für das Projekt-Unternehmen das größte Entwicklungspotenzial versprechen. Die operative Umsetzung der Maßnahmen ist nicht mehr direkter Bestandteil der Wissensbilanz. Die Wissensbilanz hilft, die besten Maßnahmen zu planen, auf die richtigen Faktoren auszurichten und insbesondere den Maßnahmenerfolg in nachfolgenden Bilanzierungszyklen immer wieder zu überprüfen und mittels Indikatoren zu messen. Auf Grundlage der zuvor erstellten Dokumentationen (Definition der Ausgangslage und Einflussfaktoren, Bewertung nach Quantität und Qualität und Systematik, Indikatoren zur Messung von Veränderungen, Wirkungszusammenhänge) stehen alle Informationen bereit, um im Detail nachzuvollziehen, welche Defizite bestehen, die durch die zu definierenden Maßnahmen ausgeglichen werden sollten und welche Auswirkungen diese Verbesserungen innerhalb des Intellektuellen Kapitals auf den Geschäftserfolg haben würden.

Bevor konkrete Maßnahmen definiert werden, sollte geklärt werden, bei wie vielen Einflussfaktoren interveniert werden soll. Dabei sollte bewusst eingegrenzt werden, denn zu viele Interventionen auf einmal können leicht zu unkontrollierbaren Nebeneffekten führen und die Umsetzung erschweren.

Einflussfaktoren betrachten

Definition der im vorliegenden Fall relevanten Indikatoren-Sollwerte, die für eine erfolgreiche Maßnahmen-Umsetzung erreicht werden müssen. Optional können auch Soll-Werte für die einzelnen Bewertungsdimensionen nach Quantität, Qualität und Systematik vergeben werden. Man erhält dadurch ein Strategie-Instrument und kann bei der nächsten Wissensbilanz die Erfolgswirksamkeit der Maßnahmen mit einem Soll-Ist-Vergleich valide messen.

Maßnahme definieren

D.h.: diskutieren ob Maßnahmen sinnvoll sind, Namen und Ziele von Maßnahmen notieren, beschreiben wie man vorgehen wird, Dauer der Maßnahme definieren, Bestimmen wann die Maßnahme umgesetzt werden soll, Wirkung der Maßnahme einschätzen und beschreiben, Verantwortlichen benennen, Ressourcen festlegen.

Ist-Werte und Indikatoren betrachten:
- in welchen Bewertungsdimensionen soll die Maßnahme schwerpunktmäßig greifen?
- mit welchen Indikatoren ist dieser Aspekt am besten zu messen?

Soll-Werte für Quantität, Qualität und Systematik definieren. Betroffene Einflussfaktoren notieren:
- überlegen, welchen Einflussfaktoren die eben definierte Maßnahme auch noch zugeordnet werden kann. Dabei auch an Generatoren, d.h. sich selbst verstärkende Regelkreise, denken. Alle Einflussfaktoren notieren, die auch von dieser Maßnahme betroffen sind.

Maßnahmen-Chekcliste

Grundsätzlich muss eine Maßnahme im Vergleich zu mehreren Alternativen zweckmäßig sein, bewertet und kompetent beschlossen sein. Zur Umsetzung der betreffenden Maßnahme muss es einen Verantwortlichen, eine Durchführungskontrolle und einen möglichst genauen Terminplan geben. Die Ergebnisse einer solchen Maßnahmenplanung beinhalten eine Bewertung (Kosten-, Nutzenanalyse) und Abschätzung des jeweiligen Zielbeitrages.

Ziel-Ergebnis

- welche wesentlichen Ziele werden verfolgt?

Vorgehen

- was ist zu tun?
- In welcher Reihenfolge sollten welche Schritte umgesetzt werden?

Dauer (in Monaten):
- Für welchen Zeitraum ist die Maßnahme angesetzt?
- Wann soll das Ziel erreicht sein?

Status

- in Planung/in Bearbeitung/abgeschlossen

Start:
- wann wird angefangen?

Wirkungsprognose

- Welche Auswirkungen innerhalb des Intellektuellen Kapitals sind zu erwarten?
- Was bewirkt die Maßnahme direkt/indirekt?

Verantwortlich, Ressourcen

- Wer ist für die Umsetzung und die Zielerreichung verantwortlich ?
- Wer arbeitet mit ?

Einflussfaktoren

- auf welche Einflussfaktoren soll die Maßnahme wirken ?
- wie sind diese aktuell bewertet?

Indikatoren

- mit welchen Kennzahlen können die angestrebten Veränderungen am besten gemessen und überwacht werden ?
- welche Soll-Werte müssen die Indikatoren annehmen, um das Ziel zu erreichen ?

Die vorgesehenen Maßnahmen sollten vor ihrer Umsetzung mit Blick auf die strategische Ausrichtung und unter Berücksichtigung der im Wissensbilanz-Prozess zusammengetragenen/dokumentierten Informationen diskutiert werden. So können Maßnahmen verhindert werden, die an der falschen Stelle ansetzen oder denen Wirkungen unterstellt werden, die in der Analyse nicht identifiziert wurden.

In der Reihe Wirtschaft – Wissensbilanzen bereits erschienen:

Jörg Becker
Marketingcontrolling und Intellektuelles Kapital
Bewertungs-Profile und -Portfolios

ISBN 978-3-8370-7132-0, Hardcover, 176Seiten, € 39,50

Klappentext des Buches

Wissensbilanzen verfügen über das Potential, sich für ein breiteres Anwendungsspektrum zu öffnen. Da hierbei immer der Zukunfts-Rohstoff „Wissen" im Brennpunkt steht, bieten sich für eine derartige Anwendungs-Öffnung vor allem auch die meist sehr wissensintensiven und informationsbasierten Marketingprozesse an. Marketing-Informationssystem und Wissensbilanz haben vieles gemeinsam und bauen beide auf dem einzigen Rohstoff auf, der sich durch wiederholten Gebrauch sogar noch vermehren kann.

Die größte gemeinsame Schnittmenge dürfte darin zu finden sein, dass sowohl Marketingcontrolling als auch das Intellektuelle Kapital als wesentliches Kernelement der Wissensbilanz ihr Augenmerk verstärkt auf qualitative, d.h. sogenannte „weiche" Erfolgsfaktoren ausrichten.

Die Kombination aus Analysen für Marketingcontrolling und Intellektuelles Kapital ist dabei behilflich, einen Grundstock für den Blick in Richtung Zukunft auf ausschöpfbare Potentiale und Strategien zu richten. Neben dieser strategischen Sicht betriebsbezogenen Handelns lassen sich aber durchaus auch konkrete Hinweise und Empfehlungen für in der täglichen Praxis anzugehende Verbesserungsmöglichkeiten gewinnen.

Im Vordergrund steht hierbei nicht so sehr eine Demonstration von betriebswirtschaftlichem Fachwissen. Vielmehr soll der Blick für Funktions- und Arbeitsweisen im Zusammenspiel mit Wissensbilanzen geschärft werden. Verbindungen von Wissensbilanzen zu Fragen, die auf den ersten Blick eher im Marketingcontrolling beheimatet scheinen, sollen transparenter gemacht werden.

In der Reihe Wirtschaft – Wissensbilanzen bereits erschienen:

Jörg Becker
Personenbilanzen mit Intellektuellem Kapital
Aktuelle Bewerbungs- und Beurteilungswerkzeuge

ISBN 978-3-8370-7001-9, Hardcover, 172Seiten, € 39,50

Klappentext des Buches

In dem wissensintensiven Geschäftsumfeld einer Wissensgesellschaft, deren Produkte und Leistungen auf einem immer größeren Anteil aus Informationen und Wissen aufgebaut sind, müssen auch geeignete Instrumente für das Management des Zukunfts-Rohstoffs „Wissen" gefunden und eingesetzt werden.

Was also liegt näher, als für das Wissensmanagement von Unternehmen bereits entwickelte Konzepte auf den Bereich von Einzelpersonen zu übertragen, d.h. analog zu Wissensbilanzen der Unternehmen individuelle Personenbilanzen zu erstellen.

Denn ein umfassendes Asset Management beschränkt sich nicht allein auf materielle Vermögenswerte. Besonders in Zeiten des Wandels und Umbruchs gewinnen immaterielle Vermögenswerte wie das Intellektuelle Kapital an Bedeutung. Bewerber und Stelleninhaber können wie Personalberater, Personalchefs und Vorgesetzte mit Personenbilanzen über Werkzeuge verfügen, um die komplexe Materie „Intellektuelles Kapital" auch auf personenbezogener Ebene transparent nachvollziehbar beurteilen zu können.

Personalentscheidungen mit oft langfristigen Konsequenzen können damit auf eine abgesicherte Grundlage gestellt werden. Wem es am besten gelingt, die Arbeitsweisen von Wissensbilanzen auf die eigenen Zwecke und Anforderungen hin zu überführen, der wird auch am meisten vom Übertrag dieses Konzeptes profitieren können.

In der Reihe Wirtschaft – Standorte bereits erschienen:

Jörg Becker
Die Vermessung der Standorte
Arbeitsbuch

ISBN 978-3-8370-6724-8, Paperback, 224 Seiten, € 79,50

Klappentext des Buches

Ein möglichst realitätsgetreues Bild des Standortes muss aus verschiedenen Blickrichtungen eines Betrachters, also kommunalen Verwaltungsstellen, vor Ort ansässigen Unternehmen, ansiedlungs- und investitionsinteressierten Firmen oder Personen und Existenzgründern, zusammengefügt werden.

Die Frage des richtigen Standortes ist für Unternehmen zu wichtig, als dass man sie an Dritte deligieren oder auf eine von Zeit zu Zeit notwendige Überprüfung verzichten könnte. Jeder Strategie-Check des Unternehmens sollte deshalb auch die Standortfrage mit einschließen. Denn einmal umgesetzte Standortentscheidungen lassen sich, auch wenn sie nur „suboptimal" gewesen sein sollten, nur schwer korrigieren.

Nur wer über alle wichtigen Standortfaktoren genau im Bild ist und über sie Buch führt, vermag die damit zusammenhängenden Chancen und Risiken in einem ausgewogenen Verhältnis zu steuern.

Den unkalkulierbaren Gefahren von „Standort-Blindflügen" sollte durch präzise und vor allem vollständige Vermessungen begegnet werden.